Tirso de Molina

La villana de Vallecas

Barcelona **2024**
Linkgua-ediciones.com

Créditos

Título original: La villana de Vallecas.

© 2024, Red ediciones S.L.

e-mail: info@Linkgua-ediciones.com

Diseño de cubierta: Michel Mallard.

ISBN rústica: 978-84-9816-524-1.
ISBN ebook: 978-84-9953-270-7.

Cualquier forma de reproducción, distribución, comunicación pública o transformación de esta obra solo puede ser realizada con la autorización de sus titulares, salvo excepción prevista por la ley. Diríjase a CEDRO (Centro Español de Derechos Reprográficos, www.cedro.org) si necesita fotocopiar, escanear o hacer copias digitales de algún fragmento de esta obra.

Sumario

Créditos	4
Brevísima presentación	7
La vida	7
El trópico	7
Personajes	8
Jornada primera	9
Jornada segunda	57
Jornada tercera	121
Libros a la carta	179

Brevísima presentación

La vida

Tirso de Molina (Madrid, 1583-Almazán, Soria, 1648). España.
Se dice que era hijo bastardo del duque de Osuna, pero otros lo niegan. Se sabe poco de su vida hasta su ingreso como novicio en la Orden mercedaria, en 1600, y su profesión al año siguiente en Guadalajara. Parece que había escrito comedias y por entonces viajó por Galicia y Portugal. En 1614 sufrió su primer destierro de la corte por sus sátiras contra la nobleza. Dos años más tarde fue enviado a la Hispaniola (actual República Dominicana) y regresó en 1618. Su vocación artística y su actitud contraria a los cenáculos culteranos no facilitó sus relaciones con las autoridades. En 1625, el Concejo de Castilla lo amonestó por escribir comedias y le prohibió volver a hacerlo bajo amenaza de excomunión. Desde entonces solo escribió tres nuevas piezas y consagró el resto de su vida a las tareas de la orden.

El trópico

Esta comedia de enredo está llena de alusiones a México y a los conflictos y malentendidos que viven quienes llegan a la España del siglo de oro provenientes del nuevo mundo, así como a la curiosidad insaciable que despertaba el continente americano.

¿cuántas son? ¿Dónde es Campeche
¿Cómo se coge el cacao?
Guarapo ¿qué es entre esclavos?
¿Qué frutos dan los guayabos?
¿Qué es casabe, y qué jaojao?

Como en otras comedias de la época, los pretendientes se confunden entre sí y luchan por reconocer y conquistar a la persona deseada. Cabe añadir que esta pieza destaca por el sutil tratamiento de los personajes femeninos.

Personajes

Aguado, criado
Agudo, criado
Blas Serrano, viejo.
Cornejo, criado
Don Diego
Don Gabriel
Don Gómez
Don Juan
Don Luis
Don Pedro
Don Vicente
Doña Serafina
Doña Violante
Luzón, criado
Mateo, mozo de mulas.
Polonia, criada
Un Alguacil
Un Criado
Un Huésped
Valdivieso

Jornada primera

(Salen don Vicente y Luzón.)

Vicente   Llama, Luzón, a mi hermana.

Luzón   Según venimos de tarde,
pues ya asoma la mañana,
cansada de que te aguarde
la doncella a la ventana,
  o el esclavo a la escalera,
se habrán echado a dormir.

Vicente   Jugué y perdí. Esta primera
nos tiene de consumir
bolsa y vida. Sales fuera
  de casa al anochecer,
mudándote hasta las cintas,
y, como estás sin mujer,
ya a la polla, ya a las pintas,
damos los dos en perder,
  yo, paciencia, y tú, dinero.
Volvémonos a cenar
cuando sale el jornalero,
segunda vez, a almorzar.
Llamando al alba el lucero,
  aguárdate mi señora,
que, en fe de lo que te ama,
sin ti lo que es sueño ignora,
dando treguas a la cama
y nieve a la cantimplora.
  Entras con llave maestra,
cenas a las dos o tres,
duermes hasta que el Sol muestra

el cahiz al reloj que es
tasa de la vida nuestra.
  Si la campana te avisa
de nuestra iglesia mayor,
cuando es fiesta, oyes de prisa
a un clérigo cazador,
que dice en guarismo misa.
  Hincas encima del guante
una rodilla, y sobre él
más que rezador, mirante,
volatines de un coredel
pasan cuentas cada instante;
  que, de oraciones vacías
como cuentas las llamaron
la dan, por no estar baldías
más de las damas que entraron,
que de las Ave Marías.
  Oyes a don Juan mentiras;
mientras alza el sacerdote,
a doña Brígida miras;
si te dio cara, picóte;
si no te la dio, suspiras;
  y apenas la bendición
con el Ite, missa est
da fin a la devoción,
cuando salís dos o tres,
y, en buena conversación
  el portazgo o alcabala
cobrando de cada una,
la murmuración señala
si es doña Inés importuna,
si doña Clara regala,
  si se afeita doña Elena,
si ésta sale bien vestida,

	si estotra es blanca o morena.
	¡Mira tú si es esta vida
	para un Flos Sanctorum buena!
Vicente	Lo que se usa, no se excusa.
	Eso se usa. Llama ahora.
Luzón	De perdidos es tu excusa.
	¡legue a Dios que mi señora
	nos dé una vez garatusa!
	Abre, pues que tienes llave.
Vicente	¿De qué sirve, si despierta
	me espera, y que vengo sabe?
Luzón	Oye: abierta está esta puerta.
	Para tan honesta, grave,
	y amiga de estar cerrada,
	mucho es que a tal hora tenga
	patente en la calle entrada,
	para que cualquiera venga.
Vicente	Serán de alguna criada
	descuidos, o habrá sentido
	que venimos. Entra allá.
(Vase Luzón.)	Casa sin padre o marido
	es fortaleza que está
	sin alcalde apercibido.
	Quedando por cuenta mía
	mi hermana doña Violante,
	mucho mi descuido fía
	del natural inconstante
	de una mujer, que podría
	abrir puerta a la ocasión

       con la que le da mí juego.
Hechizos los naipes son;
que poco hay de juego a fuego.
¡Encantada ocupación
       es la de un tahúr! ¡Qué olvido
en todos causa el jugar!
Decía un bien entendido
que no hay honra que fiar
en el jugador marido.
       Más que amor el juego abrasa,
porque aquél mira el honor,
cuyos límites no pasa;
pero ¿cuándo el jugador
tuvo cuenta con su casa?
       A ver en mí mismo vengo
la experiencia de esto llana;
y, si enmiendas no prevengo,
es por ser cierta en mi hermana
la satisfacción que tengo.

    (Sale Luzón.)

Luzón   Todos duermen en Zamora;
solo no he podido hallar
a tu hermana y mi señora,
y dame que sospechar
la puerta abierta a tal hora,
       y el hallar este papel
para ti sobre la mesa.

Vicente   ¿Qué dices?

Luzón   No sé; por él
podrás ver si, en esta impresa,

| | de desafío es cartel
contra tu poco cuidado. |
|---|---|
| Vicente | Letra es de doña Violante. |
| Luzón | Por la pinta la has sacado.
Brujulea, que adelante
verás qué juego te ha entrado. |

   (Lee.)

| Vicente | «El poco cuidado, hermano mío,
que los dos hemos tenido, tú con
tu casa y yo con mi honra, ha dado
ocasión para que de entrambas falte
la prenda de más estima. Mientras
tú jugabas dineros, perdí yo lo que
no se adquiere con ellos. Un don
Pedro de Mendoza, forastero en
Valencia, pagó en palabras de
casamiento obras de voluntad.
Huyendo se va, y dice quien le
encontró, que camino de Castilla;
y yo de un monasterio, que no quiero
que sepas, hasta que, o hallándole
me vengues, o, no pareciendo, sea
el silencio de mi vida remedio de
mi afrenta. Dentro de este papel va
la cédula que me dio de esposo;
haz lo que della gustares; y, si
culpas mi liviandad, reprehende
tu descuido.
               Doña Violante.» |
|---|---|

¡Hay desdicha semejante!
Luzón, ¿qué es lo que he leído?
¡Sin honra doña Violante!
Tras la hacienda que he perdido,
la joya más importante
  pierdo también. ¡El honor
que de mi padre heredé!
¡El patrimonio mejor,
que en Valencia espejo fue
de la nobleza y valor!
  ¡Por una mujer liviana!
¡Por un juego en que, violento,
un tahúr la honra me gana!
¿Éste era el recogimiento
y la virtud de mi hermana?
  ¡Mal haya quien confianza
hace en el desasosiego
de la femenil mudanza!
¡Mal haya quien en el juego
pone hacienda y esperanza!
  Que si en papeles pintados
se funda todo su ser,
livianos son sus cuidados
y si es papel la mujer,
llevando los más pesados
  el viento, que burlador
mi fama deja ofendida,
bien es que llore mi error
mi hacienda al juego perdida,
como al descuido mi honor.

Luzón   ¿De qué ha de servir ahora
ponderar, como el perdido,
lo que tarde siente y llora?

| | Sepamos dónde se ha ido
mi poco cuerda señora,
   y sacarás de buscalla
el saber más claramente
quién fue el que vino a engañalla.
Despertar quiero la gente.
(Llamando.) ¡Dionisia, Lucrecia!

Vicente   Calla;
   no publiques, si eres sabio,
la infamia de aqueste insulto;
ten la lengua, cierra el labio;
que, entre tanto que está oculto,
no da deshonra el agravio.
   Mientras que la noche veda
que saque el Sol a poblado
infamias que decir pueda,
déjame vivir honrado
este tiempo que me queda.

Luzón   Pues, ¿qué hemos de hacer?

Vicente   Advierte
en lo que me ofrece agora
la industria en la ocasión fuerte.
Don Juan de Aragón adora
a mi hermana, y es de suerte,
   que, aunque intenta en Zaragoza
su padre don Luis casalle
con una señora moza,
noble, y barona del Valle,
que con otros pueblos goza,
   tiene en tanto la belleza
de doña Violante ingrata,

    que, sin mirar su pobreza,
    las otras bodas dilata,
    y a éstas su amor endereza.
        Toda la gente de casa,
    como tan público fue,
    saben lo que en esto pasa.

Luzón   Y yo también, señor, sé
    que por tu hermana se abrasa.

Vicente   Oye, pues. Tú has de quedarte
    aquí con un papel mío,
    que, en fe de que sé estimarte
    por fiel, de ti mi honor fío,
    como si en él fueras parte.
        Escribiré en él, Luzón,
    a doncellas y a criados,
    que de don Juan de Aragón
    los amorosos cuidados
    han llegado a ejecución
        de casarse con secreto
    con mi hermana en un castillo
    que tiene para este efeto
    prevenido, y que encubrillo
    importa, por el respeto
        que a su padre es bien tener;
    y que, en fe de esto, llegó
    esta noche, sin querer
    que sepan más de él y yo
    lo que determina hacer.
        Por lo cual, sin avisar
    a nadie, a la media noche,
    a las puertas del lugar
    nos esperó con un coche;

y yo, para asegurar
　　su alboroto y confusión,
les escribo este papel.
Fingirás admiración,
y que ignorabas en él
nuestra jornada a Aragón;
　　dirásle que te mandé
que nuestra vuelta esperases,
y el gobierno te encargué
de casa, y con que gastases
en mi ausencia te dejé.
　　También les escribiré esto.
Iré a don Juan de Aragón;
diréle que, porque ha puesto
los ojos cierto barón
valenciano y descompuesto
　　en mi hermana, la he sacado
de Valencia, y, por quitar
la esperanza a su cuidado,
he querido divulgar
que en secreto se han casado
　　los dos; y él, agradecido,
mi engaño defenderá,
y, con esto persuadido,
en pie mi honor quedará,
ignorado, aunque ofendido.
　　Partiré luego a Castilla
en busca de este tirano,
que a sus pies mi honor humilla;
y, si negase la mano
a quien se atrevió a pedilla,
　　vengándose mi esperanza,
demostrará la experiencia
lo que mi valor alcanza,

                    y que a injurias de Valencia
                    ofrece armas la venganza.

Luzón   Bien me parece todo eso.

Vicente   Ven, y daréte el papel.
                    ¡Ay, Luzón, que estoy sin seso!

Luzón   Tu hermana estaba sin él,
                    y dio en tierra con su espejo.

   (Vanse. Salen don Pedro de Mendoza y Agudo, de camino.)

Pedro   ¿Hay buenas camas?

Agudo   De Holanda
                    prometen sábanas.

Pedro   Bien.

Agudo   Colcha y rodapiés también
                    de red, con su flueco y randa;
                       dos almohadas que alistan
                    lazos de azul y amarillo,
                    debajo de un acerillo,
                    y porque sus faldas vistan
                       las manchas, de la pared,
                    tres sábanas, aunque tiernas
                    por viejas, distinguen piernas,
                    ya de lienzo, ya de, red.
                       Un cielo encima colgado,
                    con fluecos del mismo modo,
                    que, viéndole blanco todo
                    dije, «el cielo está nublado»,

    y dos doseles, que son
adorno del aposento;
un prolijo paramento;
pintada en él la Pasión
 y la historia de Susana,
con los dos viejos y el baño;
y, al otro lado del paño,
un San Joaquín y Santa Ana,
 y un ángel sobre la puerta
que con las alas los junta;
al otro un sayón que apunta
a un San Sebastián que acierta;
 luego un San Antón muy viejo
con su vestido de estera,
y debajo la escalera;
junto de él, un San Alejo.
 Remátase la labor
con la espigadera Rud,
cual le dé Dios la salud
al bellaco del pintor.

Pedro Con eso vive contenta
aquesta gente sencilla.
No es Arganda mala villa.

Agudo Tiene un soto que sustenta
 con su caza y entretiene
a sus vecinos y dueños.
Corren toros jarameños,
que a gozar la corte viene
 por pasar por él Jarama,
de quien sus vecinos beben
las fuerzas con que se atreven;
que son bravos de la fama.

Pedro	¿Está la maleta arriba?
Agudo	Dando abrazos al cojín.
Pedro	¡Que hoy hemos de entrar, en fin, en Madrid!
Agudo	Él te reciba con buen pie; que es menester confesar y comulgar, como quien se va a embarcar, quien su golfo quiere ver.
Pedro	¿Golfo?
Agudo	Y no de muchas leguas.
Pedro	Bien dices, si a Madrid llamas manso golfo de las damas.
Agudo	Antes golfo de las yeguas. ¡Qué mal su rumbo conoces! ¿Más que te han de marear la bolsa luego al entrar, si tiran sus olas coces?
Pedro	¿Por qué, si a casarme voy?
Agudo	Tu nombre lo ha declarado. ¿De mando a mareado, qué va?
Pedro	Satisfecho estoy

       de que en doña Serafina
no hay recelo que me asombre,
porque, del modo que el nombre,
tiene la fama divina.

Agudo   Serafín bien puede ser;
mas no creo en serafines,
que por andar en chapines,
son fáciles de caer.
    Y serafines caídos
ya tú ves que son demonios.

Pedro   Como aquesos testimonios
les levantan atrevidos.

Agudo   ¿Hasla visto?

Pedro   ¿Cómo puedo,
si ha un mes que desembarqué
de Sanlúcar y llegué
de México?

Agudo   ¿Y sin más miedo
  te vas a casar con ella,
sus virtudes canonizas,
su hermosura solemnizas,
y te enamoras sin vella?

Pedro   Escribió su padre al mío
sobre aqueste casamiento;
que no pudo el elemento
del mar enfadoso y frío
    anegar correspondencias
de su pasada amistad,

pues las que la mocedad
funda, vencen las ausencias.
  Informóse de su estado,
que, por ser tan conocido,
mil testigos ha tenido,
que a las Indias han pasado;
  de su hacienda, que es copiosa;
de la edad, virtud y fama
que en Madrid tiene mi dama;
supo que era virtuosa
  como bella, y, en belleza
la misma exageración
celebrada en opinión,
apetecible en riqueza,
  moza, apacible, discreta,
y un sujeto digno, en fin,
de tan bello serafín.

Agudo   ¿Pintótela algún poeta?

Pedro   No sino la fuerza mucha
de la verdad, que, pasada
por agua, es más estimada,
porque allá, tarde se escucha.

Agudo   ¿Y lo crees como evidencia?

Pedro   Conozco con claridad
en la ausencia la verdad,
la lisonja en la presencia.
  No son los hombres de ahora
de tan sanas intenciones,
que, en vez de murmuraciones,
se hagan lenguas cada hora

        en alabar excelencias
de quien no interesan nada,
pues aun de la más honrada,
sacan falsas consecuencias.
        Fama, Agudo, que ha llegado
limpia a México, y a prueba
de las lenguas, ¡cosa nueva!

Agudo   Y más donde es tan usado
        el murmurar, que sin ciencia
colige toda criatura:
«¿Indiano? Luego murmura.»
Bien vale la consecuencia.

Pedro   Partí a Cuenca desde el Puerto
en busca de un tío anciano,
rico y de mi padre hermano;
había un año que era muerto;
        y, sin dar me a conocer
a deudos impertinentes
—que, a título de parientes,
salteadores suelen ser
        de la perseguida plata,
más segura de escapar
de los peligros del mar,
que de un pariente pirata—,
        voy a Madrid, donde espero
ver si se iguala en mi dama
la presencia con la fama.

Agudo   Cenaremos, lo primero,
        y dormiremos un rato.

Pedro   Cenar sí, mas dormir no.

Agudo	El reloj las doce dio.
Pedro	Ponerme a caballo trato, con el bocado en la boca. ¿Qué tenemos que cenar?
Agudo	Puesto está un conejo a asar, y una perdiz, a quien coca una bota yepesina mezclada con hipocrás, y muerta por darnos paz.
Pedro	¿No hay más?

Agudo	Hay una gallina
	   fiambre, y medio pernil
	mercader, que trata en lonjas,
	—¡y qué tales!— como esponjas
	de Baco. Hay medio barril
	   de aceitunas vagamundas;
	que las de oficio se van
	de Córdoba a cordobán;
	y si en postres asegundas,
	   en conserva hay piña indiana,
	y en tres o cuatro pipotes,
	mameyes, zipizapotes;
	y si de la castellana
	   gustas, hay melocotón
	y perada; y al fin saco
	un tubano de tabaco
	para echar la bendición.

Pedro	Mira si hay en la posada

| | algún noble forastero,
que, en mi mesa compañero,
nos haga menos pesada
    la cena. |
|---|---|

Agudo   Nadie ha venido.

Pedro   Sin compañía, ya sabes
que son tasajos las aves
para mí.

Agudo   Escucha, ruido
de cabalgaduras siento,
que entran.

(Salen Cornejo, el Huésped, y Gabriel hablando desde dentro.)

Cornejo   Loado sea Dios,
¿hay posada para dos,
seó huésped?

Huésped   Y para ciento.

Gabriel   Alto pues; ten de ese estribo.

(Salen Gabriel, Cornejo y el Huésped.)

Gabriel   ¿Qué hora es?

Agudo   Las doce han dado.

Pedro   Seáis, señor, bien llegado.

Cornejo   Venga un harnero y un cribo,

                        y en ellos paja y cebada.

Gabriel   Dios guarde a vuesa merced.
            Esa maleta meted
            donde no nos pongan nada.

Cornejo   Huésped, venga un aposento.

Pedro   En el nuestro puede estar,
            que luego hemos de picar,
            y recibiré contento
                que favorezcáis mi mesa;
            que, aunque la cena se enfría,
            aguardaba compañía.

Gabriel   Liberalidad es ésa
                digna de vuestra presencia.

Pedro   Pon a asar otro conejo
            y perdiz.

Gabriel   Saca, Cornejo,
            ese capón.

(Vanse Cornejo, Agudo y el Huésped.)

Pedro   De Valencia,
                conquista antigua del Cid,
            vendréis.

Gabriel   Antes determino
            hacer allá mi camino.

Pedro   ¿Pues salisteis de Madrid?

Gabriel   Para serviros.

Pedro   ¿A qué hora?

Gabriel   A las diez.

Pedro   ¡Buen caminar!
                Traeréis de allá que contar
                mil nuevas.

Gabriel   Haylas cada hora;
                    pero dejando en secreto
                sucesos que por mayor
                no contarlos es mejor,
                porque a sus dueños respeto,
                    por buenas nuevas os doy
                que el rey ha convalecido.

Pedro   ¡Gracias a Dios!

Gabriel   Y ha salido
                a Atocha en público hoy.

Pedro   Habrá la corte con eso
                vuelto en sí; que me contaban
                que en ella todos andaban
                sin color, sin gusto y seso.

Gabriel   Mi palabra os doy, que ha sido
                la mayor demostración
                de lealtad y de afición
                que en historias he leído.
                    No sé yo que se haya hecho

                    sentimiento general,
                    con tal muestra y llanto tal,
                    por ningún rey.

Pedro   Muestra el pecho
                       el reino que a tal rey debe,
                    que en él goza un siglo de oro.
                    Sin conocerle, le adoro.

Gabriel   ¿Queréis más, si es que eso os mueve
                       que todo el tiempo que ha estado
                    en contingencia su vida,
                    hasta la gente perdida
                    dicen que se había olvidado
                       de ejecutar la ganancia
                    de su trato deshonesto?

Pedro   Echó el sentimiento el resto,
                    y conoció la importancia
                       de la vida de tal rey,
                    cuya mansedumbre extraña
                    es causa que goce España
                    su hacienda, su paz, su ley,
                       sin contrastes ni temores.

Gabriel   ¡Cosa extraña, que en veinte años
                    que reina, ni hambres, ni daños,
                    pestes, guerras, ni rigores
                       del cielo hayan afligido
                    este reino!

Pedro   Antes por él
                    mana España leche y miel.
                    De promisión tierra ha sido.

Gabriel   No le viene el nombre mal,
             pues que en su tiempo ha alcanzado
             Castilla el haber comprado
             la anega de trigo a real,
                y el dar la cosecha a medias
             del vino, a quien a ayudar
             se atreviera a vendimiar.

Pedro   ¿Qué hay, en Madrid de comedias?

Gabriel   Todo lo ha desazonado
             la salud del rey en duda;
             no hay quien con gusto a ella acuda.
             La corte había alborotado
                con el Asombro Pinedo
             de la limpia Concepción;
             y fuera la devoción
             del nombre, afirmaros puedo
                que en este género llega
             a ser la prima.

Pedro   ¿Y de quién?

Gabriel   De Lope; que no están bien
             tales musas sin tal Vega.

Pedro   Por mi opinión argüís.

   (Sale Cornejo.)

Cornejo   Si es que habemos de picar,
             ¿qué aguardas? Alto, a cenar.

Gabriel   ¿De dónde, señor, venís?

Pedro   De Cuenca inmediatamente,
y de las Indias después.

Gabriel   ¿Mucha plata?

Pedro   El interés,
como siempre está en creciente,
todo lo juzga menguante.
Venid; que, mientras cenemos,
muchas cosas trataremos.

Gabriel   Id, que yo os sigo al instante.

(Vase don Pedro.)

Gabriel   ¿Adónde, Cornejo, has puesto
nuestro hato?

Cornejo   En esta sala
donde cenáis, que no es mala,
pues éstos se van tan presto.
Junto a su maleta está
la nuestra.

Gabriel   Ya te he advertido
que no digas que he venido
de Valencia...

Cornejo   Acaba ya.

Gabriel   Ni que don Gabriel me llamo
de Herrera.

Cornejo	Pues que yo dejo el Beltrán por el Cornejo, no diré el nombre de mi amo.
Gabriel	Don Pedro soy de Mendoza, Cornejo, de aquí adelante.
Cornejo	¡Cuál estará la Violante!
Gabriel	Anda ahora.
Cornejo	¡Pobre moza!

(Vanse. Sale doña Violante, de labradora Aguado, criado.)

Violante	No hallo disfraz mejor para remediar mi ultraje, Aguado, que el labrador.
Aguado	Y estáte tan bien el traje, que por ti lo será amor.
Violante	Si mi don Pedro tirano, como sospecho, ha venido a la corte, y como es llano, viendo su honor ofendido, ha de seguirle mi hermano, ¿cómo podré andar segura entre los dos, sino así?
Aguado	¿Qué es, pues, lo que hacer procura tu ingenio?

Violante	Mudar en mí
	con el traje la ventura.
	Buscar el alma robada
	que se va tras el honor;
	dar, ya que estoy deshonrada,
	diligencias a mi amor,
	o a mis agravios espada.
	En Madrid hay tribunales
	para todos, y también
	han de hallarle en él mis males;
	a extranjeros trata bien,
	si mal a sus naturales.
	Yo espero en Dios que ha de ser
	madre Madrid de mi honor.
Aguado	Industriosa es la mujer,
	el amor, enredador,
	y los dos sabréis hacer
	engaños con que salir
	de don Pedro vencedores.
	¿Ámasle?
Violante	Como el vivir.
Aguado	Árbol que ha dado las flores,
	nunca supo resistir
	el fruto a quien las cogió.
Violante	Como él en Madrid esté,
	de mi ingenio espero yo
	que fin dichoso me dé,
	si mal principio me dio.
Aguado	El que hoy habemos tenido,

| | no le promete muy malo,
pues al fin te ha recibido
el labrador, que señalo
por dueño tuyo.

Violante   Hemos sido
dichosos en eso. En fin,
soy villana de Vallecas.

Aguado   Por el sayuelo y botín
el oro y la seda truecas
de la ropa y faldellín.
Lindamente le engañé.

Violante   No oí lo que le dijiste;
que de industria me aparté.

Aguado   Discreta en todo anduviste.
Díjele que te saqué,
siendo un hombre principal
y mayorazgo de Ocaña,
de tu casa y natural,
porque tu hermosura extraña,
ennobleciendo el sayal
que de tu sangre heredaste,
me obligó a que te ofreciese
el sí de esposo, y que al traste
con obligaciones diese
que a mi nobleza usurpaste;
y mis padres y parientes,
contradiciendo mi amor,
coléricos e impacientes
que la hija de un labrador
agravie a sus descendientes,

            procuraban darte muerte;
y yo, como quien te adora,
te truje aquí de la suerte
que se vio; y pretendo agora
de su furor esconderte.
    Que te reciba en su casa,
como que a servirle has ido,
mientras este rigor pasa;
y, siendo yo tu marido,
venzamos la suerte escasa.
    Hele dado unos escudos,
y ofertas para después,
que, debajo de cien nudos,
la cárcel del interés
los tiene presos y mudos.
    En fin, el buen Blas Serrano
dice que, con el secreto
que pide el caso, está llano
por mí a tenerte respeto;
mas porque el vulgo villano
    no malicie esta quimera,
que le sirves fingirás,
tal vez siendo lavandera,
y tal, si a la corte vas,
trasformada en panadera.

Violante   Todo eso viene a medida
de lo que yo he menester.
¡En fin, mudando de vida,
en Madrid he de vender pan!

Aguado   Si tu amor a él convida,
    no se le darás a secas,
pues con tu vista a quien te ama

come gustos que en sí truecas.

Violante   ¡A fe que ha de dejar fama
la villana de Vallecas!
   Pero tú, ¿dónde has de estar?
Que en Madrid es peligroso,
si en él te viniese a hallar
mi hermano.

Aguado   El que es cuidadoso,
se sabe en Madrid guardar;
   pero en Alcalá de Henares,
sin ese miedo estaré.

Violante   Con todo, es bien repares,
no pase por él.

Aguado   Sí haré.

Violante   Y, cuando a verme llegares,
   sea sin que nota des
a esta gente maliciosa.

Aguado   Entre tanto que aquí estés,
cada semana es forzosa
tu vista tres veces.

Violante   ¿Tres?

Aguado   Y aun es poco. Pero aguarda.
¿Qué gente es ésta?

Violante   No sé.
Cualquier sombra me acobarda.

                    ¿Que es mi hermano?

Aguado   No hay de qué
            temer; que el sayal te guarda.

    (Salen Pedro y Agudo.)

Pedro   ¡Que no te dé mil estocadas, perro,
            traidor! ¡Que no te quite yo la vida!

Agudo   ¡Déme favor, hidalgo!

Pedro   Será yerro
            que ninguno por ti perdón me pida.

Agudo   Las maletas troqué, señor, por yerro;
            era de noche, y mucha la bebida.
            Madrugaras tú menos.

Pedro   ¿Qué esto escucho?
            ¡Vive Dios!

Aguado   Deteneos.

Agudo   Pues, ¿fue mucho...?

Pedro   Quitaos delante, bella labradora.
            Caballero, dejadme que le corte
            las piernas.

Agudo   ¡Válgame nuestra Señora
            de Atocha!

Violante   Vuestro enojo se reporte.

Pedro	¿Qué tengo yo de hacer, bárbaro, agora? ¿Con qué despachos entraré en la corte? ¿Cómo creerá don Juan que estoy don Pedro?
Agudo	¡Bien por servirte desde niño medro!
Violante	¿No sabremos la culpa que ha tenido este pobre criado?
Pedro	A Dios pluguiera que nunca yo le hubiera conocido, o que al tomar la barra se muriera. ¿A quién tal desventura ha sucedido? Cuando en Madrid mi serafín me espera para darme de esposa el sí y la mano, ¿con qué testigos me creerá su hermano? ¿Cómo podré afirmar que de don Diego de Mendoza soy hijo, y que ha pasado mil leguas de agua el amoroso fuego, que desde Arganda aquí lloro apagado? Los despachos, las joyas, con el pliego en que mi amor venía confiado del virrey y mi padre, por ti pierdo; pues no te doy la muerte, no soy cuerdo. Torna tras ese hombre, traidor; anda. Sube en mi macho; alcánzale, si puedes.
Agudo	El mozo fue tras él; la furia ablanda. No hayas temor que sin maleta quedes. A las dos se acostó el otro en Arganda, y, entre cortinas que enmarañan redes, dormideras de Yepes y lo asado, le mandarán volver al otro lado.

            Ésta es la hora que, deshecho el trueco,
            vuelve en mi mula aquí, donde le dije
            que le aguardabas. Lo que a oscuras peco,
            perdona al Sol, o nuevo mozo elige.
            Si te ofendiera yo, el cerebro seco,
            y el vino y sueño que a un monarca aflige
            no humedecieran mis sentidos y ojos,
            tuvieran causa justa tus enojos.

Violante   Si bastan a obligaros, caballeros,
            ruegos de una mujer y de un hidalgo,
            y aquí por fuerza habéis de deteneros,
            porque ocupéis aqueste tiempo en algo,
            contadnos la ocasión de entristeceros.

Pedro   ¿Cómo podré, cuando de seso salgo?
            Mas siempre, o perdidoso o ofendido,
            uso ser con mujeres comedido.
                Criollo soy de México, que es nombre
            que dan las Indias al que en ellas nace;
            a su virrey serví de gentilhombre,
            que a bien nacidos honra y satisface;
            la hacienda heredo a un padre y el renombre
            de quien España tanto caudal hace
            por los linajes que en sus reinos goza,
            y llámome don Pedro de Mendoza.

Violante (Aparte.)   (¡Ay cielos! Éste ¿no es el apellido
            del ingrato que busco disfrazada?)

Pedro   Mi padre, desde España persuadido
            por un amigo que en la edad pasada
            tuvo en Madrid y no borró el olvido,
            siendo estafetas una y otra armada,

de una hija que tiene, determina
hacerme esposo, en nombre Serafina.
   Tres meses ha que en un navío de aviso
le escribió que en la flota venidera
me embarcaría, y, para aviarme quiso
que en barras treinta mil pesos trajera;
mas como el mar sepulta de improviso
toda una armada, si se enoja, entera,
no se atrevió a fiar tanto tesoro
de este Midas que traga plata y oro.
   Así en correspondientes de Sevilla
y de la corte cédulas librando,
de Sanlúcar pisé la antigua orilla,
barras su barra célebre surcando.
No quisieron deseos de Castilla
detenerse en Sevilla registrando
de su contratación tantos haberes,
no hablar sus codiciosos mercaderes;
      antes, por ver que entonces ocupados
andaban en registros y cobranzas,
para otro tiempo dilaté cuidados,
trayéndome conmigo las libranzas.
Con dos mulas en fin y tres criados,
cargado de papeles y esperanzas
llegué de Cuenca a la famosa sierra,
antigua patria de mi padre y tierra.
   Tenía en ella un tío que hallé muerto,
y, sin hablar a deudos codiciosos,
guié a la corte, que es general puerto
del mundo, con bajíos peligrosos;
y anoche, cuando ya juzgué por cierto
el fin de mis viajes enfadosos,
como mi amor prosigue en su demanda
por ser de noche, me quedé en Arganda.

Aguardaba mi cena a un compañero
conversable; que a solas nunca trato
dar al cuerpo sustento; que es grosero
cualquier manjar sin el discreto trato.
A la conversación llamó salero
del alma un sabio; y como cualquier plato
sin sal jamás está bien sazonado,
la mesa así también sin convidado.
Mi deseo cumplió —que no debiera—
un forastero que tomó posada
en mi propio mesón. ¡Nunca a él viniera!
Recebíle cortés, y, aderezada
la cena, convidéle a que subiera
a mi aposento, y porque mi jornada
a la corte sería de allí a un rato,
mandé al mozo que en él pusiese su hato.
Juntamos cenas, supe su camino,
tratamos varias cosas en la mesa,
y el fin apenas con el postre vino,
cuando, dándome amor y el tiempo priesa,
mandé ensillar; y el sueño o desatino
de éste, que de mi dicha y bien le pesa,
trocando las maletas y cojines,
a dichosos principios dio estos fines.
En conclusión, dejándose la mía
en la posada, la del forastero
me puso en el arzón. Descubrió el día
aqueste engaño, y no será el postrero.
¡Considerad vosotros lo que haría
quien, fuera de las joyas y dinero,
que deben de valer cinco mil pesos,
pierde cartas, libranzas y procesos!
De veinte mil ducados, y más, pasa
la cantidad que en cédulas me lleva;

             mirad sin ella, cuando amor me abrasa,
             cómo es posible que en Madrid me atreva
             a pretender esposa, ni en su casa
             ose entrar, si me faltan para prueba
             de que don Pedro soy cartas de abono.
             ¡Que la vida, villano, te perdono!

Violante   Prométoos que es desgracia nunca oída
             Mas, supuesto que el mozo fue por ella,
             antes que el otro empiece su partida,
             el trueco deshará, y no habrá querella.

Agudo   La oscuridad, y el ser tan parecida
             con la del otro, me obligó a ponella,
             por darme prisa tú, sobre tu macho.

Pedro   Mejor dijeras por estar borracho.

(Sale Mateo, mozo de mulas, con un cojín.)

Mateo   ¡Válgate el diablo por hombre!
             Por arte de encantamento
             debió de llevarle el viento
             sin dejar rastro ni nombre.

Pedro   ¿Qué hay, Mateo?

Mateo   Par Dios, nada.

Pedro   ¿No parece?

Mateo   No, señor.

Pedro   ¿Qué dices de esto, traidor?

| Mateo | Cuando llegué a la posada,
ya él estaba en cas de Judas.
Ni aun memoria de él no hallo.
Al instante que a caballo
te pusiste, apenas mudas
el paso, cuando picó,
y, sin saberse por donde.
0 es demonio que se esconde,
o la tierra le sorbió. |
|---|---|
| Pedro | A Valencia dijo que iba.
Pues debióte de mentir;
que un pastor le vio salir,
y, en vez de echar hacia arriba,
tomando a la mano izquierda,
dijo que fue hacia Alcalá.
Seguíle; mas nadie da
señas de él. |
| Pedro | ¡Que por ti pierda
mi hacienda, infame, y mi ser! |
| Mateo | Como ninguno me daba
serías de cuantos topaba,
tuve por mejor volver
acá, que, siendo virote
perderme también. |
| Pedro | ¡Yo he sido
[-ido]
harto dichoso! |
| Mateo | Engañóte. |

Violante (Aparte.)   (Su pérdida cada cual
                siente, vengativo amor;
                yo lloro la de mi honor,
                y éste la de su caudal.)

Mateo   Mira qué habremos de hacer
                de este cojín y maleta.

Pedro   ¡Abrasarlos!

Mateo   No es discreta
                sentencia, a mi parecer,
                    la que das.

Pedro   ¿Qué he de hacer, pues?

Mateo   Mejor será que la abremos,
                y, por lo que trae, sepamos
                dónde camina o quién es
                    este demonio escondido;
                que quizá en ella vendrán
                prendas que pregón serán
                echado tras el perdido.
                    El candado tengo roto.
(Ábrele.)   ¿Sacaré?

Pedro   Haz lo que quisieres.

Mateo   Papeles hay. Si lo vieres,
                por ellos, como piloto,
                    haremos nuestro camino.
(Va sacando.)   Un retrato, ¡vive el cielo!,
                he topado.

Pedro   ¡Buen consuelo!

Mateo   ¡Y a fe que el rostro es divino
                 de la dama!

Pedro   Arrojalé
            con la maldición.

Violante   ¿Al suelo
            echa la imagen?

(Alza doña Violante el retrato, y conócele. Hablan Aguado y doña Violante aparte.)

                    ¡Ay cielo!
            ¿Qué he visto?

Aguado   Paso.

Violante   ¡Ay, Aguado! mi retrato.

Aguado   ¡Válgame Dios! Ya concluyo
            que es don Pedro el dueño suyo;
            pero impórtate el recato.
                Disimula, que ya creo
            que en Madrid tu esposo está.

(Doña Violante habla disimulando.)

Violante   La Magdalena será;
            que así en la igreja la veo
                con su copete y gorguera;
            el bote solo le marra

Aguado	¿Pues bésasla?
Violante	Está bizarra. Pondréla a mi cabecera.
Mateo	Un legajo de papeles es éste.
Pedro	Desatalós.
Agudo	Versos son éstos, por Dios.
Pedro	¿Hay sucesos más crueles? ¡Para quien mi rabia ve, es bien que versos me cante!

(Lee.)

Agudo	«Soneto a Doña Violante, la noche que la gocé.»
Aguado	No se descuidó el poeta.
Violante	Si la pobre está gozada, no es Violante, mas violada. Echadme acá esa soneta, pondréla por rocadero, y enseñarémosla a hilar; mas no, que, siendo cantar, mejor es para el pandero.

(Leyendo otro papel.)

Agudo	«Memoria de cien ducados que he de pagar en Madrid a Andrés de Valladolid, por otros tantos prestados aquí en Amberes.»
Mateo	¡Por Dios que son buenas hipotecas de las maletas que truecas!
Pedro	Como haya otras tres, o dos de estas ditas ¡bien desquito veinte mil y más ducados!
Mateo	Éstos son pliegos cerrados.
Pedro	Mira pues el sobrescrito.
Agudo	Éste dice: «Al presidente de Italia»; y éste: «Al Marqués de San Germán»; éste es: «A Mosén Romen, regente del consejo de Aragón.»
Pedro	A Madrid va, según esto, el que en tal trance me ha puesto.
Mateo	¿Quién duda?
Pedro	¿Por qué ocasión me dijo que iba a Valencia?
Agudo	Quizá por entrar secreto; que hay mil lances, en efeto,

	en que importa la prudencia.
Pedro	Él, según lo que parece, viene a España desde Flandes, y trae pretensiones grandes; o, como a otros acaece, algo allá le ha sucedido; tuvo al peligro temor, buscó cartas de favor, y a la corte viene huido.
Agudo	La Violante del soneto debe de ser la ocasión de que huya.
Pedro	Tenéis razón; por eso vendrá secreto. No he perdido la esperanza, supuesto que a Madrid va, de encontrar con él allá.
Violante (Aparte.)	(Ni mi amor de su venganza.)
Pedro	Abre alguna de esas cartas, supuesto que traen cubierta, tendremos noticia cierta de su nombre, pues hay hartas.
Agudo	Dios te la depare buena. Abre un pliego, y léele. Ésta del Regente abrí.
Pedro	¿Cómo dice?

Agudo	Dice así...
Mateo	¡Válgate el diablo por cena!
(Lee.)	
Agudo	«El capitán don Gabriel de Herrera, en diez años que ha que sirve a su Majestad en Flandes, ha sido mi camarada y amigo; sus hazañas y servicios son muchos, como mostrarán los papeles que lleva. Sucedióle, sobre palabras que en el cuerpo de guardia tuvo con un capitán tudesco, darle de estocadas; por ser el delito en tal lugar y con tal persona, le es forzoso huir al amparo de V.S., en quien, así para aumento de sus pretensiones, como el perdón de Majestad, tengo esperanzas hallará por mi respeto todo amparo. —Guarde Dios a V.S. con la prosperidad que los interesados hemos menester. —Amberes marzo 25, 1620. Su sobrino de V.S., el maese de campo, don Martín Romen.» ¡Miren si lo dije yo!
Pedro	Él mostraba en su persona el valor con que le abona la carta, aunque me mintió en el viaje que hacía.
Agudo	Su peligro considera.

Pedro	En fin, don Gabriel de Herrera
se llama.
Violante (Aparte.)	(Desdicha mía,
¿qué escucháis? El que destroza
ingrato mi honor y fama,
aquí don Gabriel se llama,
y don Pedro de Mendoza
allá. Si los nombres truecas,
traidor, vengará constante
quejas de doña Violante
la villana de Vallecas.)
Pedro	¿Qué tiene más la maleta?
Mateo	Ropa blanca es la que hay,
toda de holanda y cambray,
con puntas y cadeneta;
ligas y media de seda
hay de colores diversos,
guantes, y prosas y versos;
de papeles, solo queda
un librillo de memoria
aquí dentro.
Pedro	Sacalé;
que mejor por él sabré
sucesos de aquesta historia;
y, sin detenernos más,
a caballo nos pongamos;
que, si en Madrid le buscamos,
no se esconderá.

Agudo Podrás,
para encontralle más presto,
ir a casa del Regente,
del Marqués y el Presidente.

Pedro Pon bien eso.

Mateo Ya lo he puesto.

Pedro Ya voy consolado en algo.

Aguado También lo vamos los dos.

Pedro Labradora hermosa, adiós.
Daca el macho. —Adiós, hidalgo.

(Vanse los tres.)

Violante ¿Qué juzgas de aquesto, Aguado?
¿Qué te parece?

Aguado No sé,
señora, si afirmaré
que es de veras o soñado;
   solo digo que has tenido
en algún modo ventura,
pues lo visto te asegura
quién es el que te ha ofendido,
   y que está en la corte.

Violante ¡Ay cielos!
¿Don Gabriel de Herrera es
el que ha postrado a sus pies
mi honor? ¿El que a mis desvelos

	da tanta causa? ¿El que en Flandes,
	dando muerte a un capitán,
	mató mi honor?
Aguado	Cerca están
	de Madrid las torres grandes
	y casas, pues que no dista
	más de una legua de aquí.
	Yendo disfrazada así,
	gozarás presto su vista,
	mientras que Madrid te goza
	en traje de panadera.
Violante	¿Que en fin don Gabriel de Herrera
	es don Pedro de Mendoza?
Aguado	Mudan desgracias los nombres;
	cuando sus peligros dudan.
Violante	Mejor dirás que se mudan
	las palabras de los hombres.
Aguado	Acá sale nuestro viejo,
	o, por mejor decir, tu amo.
	¿En fin, tu esposo me llamo?
Violante	Sí.
Aguado	¿Y el nombre?
Violante	Don Alejo.

(Sale Blas Serrano, labrador viejo.)

Blas   Pues, Teresa, ¿no es ya hora
de her algo en casa? ¿Hasta cuándo
los dos heis de estar parlando?
La malicia labradora,
   si muchas veces os ve
que con él os arrulláis,
levantarnos que rabiáis.

Aguado   Presto, Blas, me partiré.
   Si es que bien habéis querido,
no espanten dilaciones.

Blas   Ya yo sé lo que en razones
gasta el Amor que es cumplido.
   También me dio su picón
Amor en la edad pasada,
y, muerto por su ensalada,
me cupo mi sopetón.
   No me espanta nada de eso,
que por todo el hombre pasa;
pero tengo un hijo en casa
que a Madrid hué a vender yeso,
   y, desde que vio a Teresa,
con ser desde anoche acá,
emberrinchándose va,
y que os halle aquí me pesa;
   que anda el diabro revestido
en él.

Aguado   ¿Luego no está aquí
segura mi esposa?

Blas   Sí.

Violante	Yo me guardaré, marido.
Blas	Pues ella, señor, se guarda, nadie la podrá ofender; que no es buena la mujer que sufre por fuerza albarda. Ríome yo de que digan que ha habido mujer forzada desde Elena, la robada.
Aguado	A mil las leyes castigan cada día.
Blas	Es papasal. Créalo quien lo creyere. Par Dios, que, si uno no quiere, que dos que barajan mal. La reina doña Isabel dejó este ejemplo probado con la del puño cerrado, y yo, señor, me atengo a él.
Aguado (Aparte.)	(No ha estado el discurso malo.)
Blas	Digo, pues, que importa poco que Antón por vos esté loco; pues, con darle con un palo, si vos no queréis, Teresa, poco daño os hará en casa; que el panadero no amasa, cuando no quiere el artesa.
Aguado	Ahora bien, Blas, yo me parto; mi Teresa os encomiendo.

             Dinero os iré trayendo
             cada día.

Blas   Acá deja harto;
              pero no se le dé nada;
              que sarnosos y avarientos
              nunca diz que están contentos.

Aguado   Adiós pues, esposa amada;
                Blas Serrano, adiós.

Blas   Adiós.

   (Vase Aguado.)

Blas   ¿Qué habemos de hacer agora?

Violante   Si hay pan cocido, a buen hora
             iré a Madrid.

Blas   ¿Sabéis vos
              venderlo?

Violante   ¿Pues soy yo zurda?

Blas   Los cortesanos, si os ven,
             temo que fayanca os den.

Violante   No haya miedo que me aturda.
               Con un palo y con un arre,
             y un jo que te estriego, suelo
             dar con un hombre en el suelo.

Blas   ¡El dimuño que os agarre!

                El pan de Vallecas es
           por branco y bien sazonado,
           en Madrid más estimado.

Violante   Si es que vais al interés,
                decidme cómo es la tasa,
           y dejadme el cargo a mí.

Blas   A veintidós vale.

Violante   ¡Ah, sí!
           Y si de eso el precio pasa,
               y os traigo a real, ¿qué diréis?

Blas   Que Teresa es mi ventura;
           pero si pan y hermosura,
           Teresa, en Madrid vendéis,
               como no es el pan a secas,
           no hay precio, ni aun para porte.

Violante   Yo haré que admire a la corte
           la villana de Vallecas.

           Fin de la primera jornada

Jornada segunda

(Salen don Gabriel y Cornejo.)

Gabriel   No creí jamás, Cornejo,
que tan venturoso fuera.

Cornejo   ¡Oh maleta hermosa, esfera
de mi remedio!

Gabriel   Ya dejo
pretensiones de soldado,
pues en diez años que he sido
en Flandes, ya entretenido,
ya alférez determinado,
   ya señor de una jineta,
no adquirí lo que en un hora
la Fortuna enredadora
me ha dado en una maleta.

Cornejo   ¡Lindo trueco!

Gabriel   ¡Hermosas barras!

Cornejo   No me harto de darles besos.

Gabriel   Tres hay de oro de a mil pesos,
y, entre otras joyas bizarras,
   una banda de diamantes,
y de perlas siete vueltas,
con otras muchas que, sueltas,
entre esmeraldas brillantes,
   guarda un cofre de carey.

Cornejo   Así a la tortuga llaman
                  las Indias que oro derraman.

Gabriel   Hay un cintillo, que el rey
                    no sé si mejor le tiene,
                  fuera de los cabestrillos,
                  las arracadas y anillos,
                  donde tanta piedra viene,
                    que podremos empedrar
                  toda esta calle con ellas.

Cornejo   Pisará Madrid estrellas.

Gabriel   Hay una piedra bezar,
                    entre otras tres, guarnecida
                  de oro, mayor que un güevo.

Cornejo   Con tales yemas, me atrevo
                  a no comer en vida
                    sino huecos, sin la bula.

Gabriel   Dejo otros melindres mil
                  de nácar, carey, marfil,
                  con que el interés adula
                    la codicia de las damas.
                  En fin, la maleta está
                  hecha una colmena.

Cornejo   Y da
                  panales del oro que amas.
                    Mas ya que lo cuentas todo,
                  ¿Por qué olvidas las libranzas?

Gabriel   Porque estriban en cobranzas,

                        y es peligroso su modo;
                     que ni en Sevilla ni aquí
                      descubrir me atreveré
                      a quien vienen.

Cornejo   ¡Bueno, a fe!
                      ¿No abriste las cartas?

Gabriel   Sí;
                     que, viniendo con cubierta,
                     cuando de ellas me aproveche,
                     como otras nuevas les eche,
                     no habrá quien en ello advierta.

Cornejo   Y su dueño descuidado,
                     ¿no es don Pedro de Mendoza?

Gabriel   De ese ilustre nombre goza,
                     según ellas me han mostrado.

Cornejo   ¿Tú y todo no te confirmas
                     con el mismo nombre?

Gabriel   En él
                     trueco el de don Gabriel.

Cornejo   Pues si te abonan sus firmas,
                        y esotro no es conocido,
                     ni de México salió
                     otra vez, donde nació,
                     conforme lo que has leído,
                        ¿no puedo yo en nombre suyo
                     partir y cobrallo todo
                     con las cédulas?

Gabriel   No es modo,
Cornejo, discreto el tuyo.
   ¿Tan descuidado ha de ser
el otro, ya que ha perdido
lo que consigo ha traído,
que al instante no ha de hacer
   en Sevilla diligencias,
y aquí, para que le entreguen
la plata, por más que aleguen
cartas, ni correspondencias?
   ¿No ha de tener en Sevilla
quien le conozca de allá?

Cornejo   En Sevilla sí tendrá;
pero dúdolo en Castilla.
   Y, supuesto que consigo
ha de tener tus papeles,
sin que en eso te desveles,
sirviendo yo de testigo,
   puedes hacerle prender
por la muerte que en Amberes
diste al tudesco; y, si quieres
el serafín suyo ver,
   con quien a casarse vino,
y te pareciere tal,
no viene el enredo mal.
O si no, ponte en camino,
   y vámonos a Granada,
patria nuestra —que es mejor—
pues con tanto oro, señor,
no tendrás que envidiar nada
   a don Antonio de Herrera,
tu hermano, puesto que goza

	tal mayorazgo y tal moza.
Gabriel	Bien allá pasar pudiera;
	que, en fin, con mis alimentos,
	y con cinco mil ducados
	que llevo aquí, mis cuidados
	dieran fin a pensamientos;
	pero a doña Serafina
	he visto, Cornejo, ya
	y en ella cifrada está
	la hermosura peregrina
	del mundo.
Cornejo	Pues, ¿qué tenemos?
Gabriel	No sé. ¡Bravo tentador
	es el oro, del Amor!
Cornejo	Haz algo con que lloremos.
Gabriel	Estas barras y diamantes,
	joyas, libranzas, papeles,
	a pensamientos crueles
	me inclinan.
Cornejo	No son Violantes
	todos, señor, ni es Valencia
	la taimería de Madrid.
	Tiemplan allá a lo del Cid;
	o pero acá lee la experiencia
	cátedra de socarrones,
	y nacen en la niñez
	jugando en el ajedrez
	de enredos y de invenciones

　　　　　　　las damas de más estima.
　　　　　　　Como has estado en Amberes,
　　　　　　　no sabes que las mujeres
　　　　　　　tienen su juego de esgrima
　　　　　　　　en la corte, en cuyo estilo
　　　　　　　la que menos sabe, alcanza
　　　　　　　diez tretas más que Carranza.
　　　　　　　Hieren por el mismo filo,
　　　　　　　　juegan con espadas negras;
　　　　　　　y, a dos idas y venidas,
　　　　　　　si señalan las heridas
　　　　　　　y con el juego te alegras,
　　　　　　　　aunque seas un peñasco,
　　　　　　　la tía, de armas maestra,
　　　　　　　ha de cobrar, como diestra,
　　　　　　　primero que toques casco.
　　　　　　　　Y, apenas dos tretas juega,
　　　　　　　cuando, entrando en su socorro
　　　　　　　—como hay tantas en el corro
　　　　　　　al instante que otro llega—
　　　　　　　　sale el amante al encuentro,
　　　　　　　que se arrima a la pared
　　　　　　　y dice: «Vuesa merced
　　　　　　　asiente, y entre otro dentro».

Gabriel　　　Que no debe de ser tanto
　　　　　　　como se dice.

Cornejo　　　　　　　　¿No es juego
　　　　　　　de esgrima una calle? y luego
　　　　　　　¿no es espada negra un manto
　　　　　　　　que se remata en medio ojo?
　　　　　　　¿zapatilla de esta espada
　　　　　　　la maestra examinada?

¿Armella de este cerrojo
   no es la tía, que, al instante
que ve que la mano llegas,
y la primer treta juegas,
en medio mete el montante
   con un «vaya en hora mala»?
¿No pagas monjil y tocas,
y, apenas el casco tocas,
cuando en entrando en la sala
   don Filotimio o don Porro,
asientas, y ella te arrima?
No hay dama en Madrid, ni esgrima,
que esté sin gente en el corro.

Gabriel   Eso será con mujeres
comunes; que Serafina
es principal.

Cornejo   ¡Peregrina
solución! De cuantas vieres
   tendrás aquesta noticia.
En la corte viven todos
de industria, y hasta los codos
cubren aquí su malicia.
   Písalos, si contradices
esta común opinión,
y te dirá lo que son
la ofensa de tus narices.

Gabriel   Aquí vive nuestra dama.
¡Por Dios, que tengo de vella!

Cornejo   ¿Más que ha de tener por ella
mal urdiembre aquesta trama?

            Porque el otro, claro está
            que ha de venir a buscarla;
            y, si en su casa nos halla,
            seguramente podrá
                deshacer nuestra ventura
            y el trueco de las maletas.

Gabriel   ¿No dices que toda es tretas
            Madrid? Pues calla y procura
                seguirme; que no me espanto
            de estratagemas de amor.

Cornejo   Con las de Flandes mejor
            te avinieras. Dama y manto
                he visto, y coche a la puerta,
            y un galán que la acompaña.

Gabriel   Aquí empieza mi maraña.
            Ésta es mi dama.

Cornejo   Y no es tuerta.

(Salen Doña Serafina, con manto; don Juan, su hermano; don Gómez, su padre; y Polonia: criada.)

Gómez   No debe de venir en esa flota
            don Pedro de Mendoza, pues no escribe,
            cuando en Sevilla tantos alborota.

Juan   Podrá ser que, si postas apercibe,
            venga a ser carta viva, y ganar quiera
            albricias de que ya en España vive.

Serafina   ¡Ay, hermano! ¡Qué alegre se las diera

	quien en deseos con su amor dilata
penas de un alma que su vista espera!
Gómez	Primero que en registros de la plata
negocie con papeles y averías
con la Contratación que en eso trata,
es fuerza consumir algunos días
obligando ministros y oficiales,
confusos entre tantas mercancías.
Juan	Andan con pies de plomo aquesos tales,
[-ento],
que reales tiran sus oficios reales.
Serafina	¡Que hubo de darme el cielo casamiento!
¡Que es, por agua pasado, tan aguado,
cuando amoroso fuego es su elemento!
Gómez	Dios te traiga con bien; que, si ha llegado
darás por bien empleada su tardanza.
¿Adónde vas ahora?
Serafina	Voy al Prado,
por buscar en sus flores mi esperanza,
y saber de sus fuentes si ha venido;
que, por salir del mar de su mudanza,
me dirán si en Sanlúcar ha surgido.
Hola, acerca ese coche.

(Gabriel y Cornejo hablan aparte.)

Gabriel	A hablarla llego.
Cornejo	Entra con pie derecho.

Gabriel   Voy perdido.
(Llégase a ellos.)   Que me digáis adónde vive os ruego,
                        caballeros, don Gómez de Peralta.

Gómez   Yo soy el que buscáis.

Gabriel   Acertó el pliego.
            El corazón, que de contento salta,
            adivinaba el bien que en veros goza.
            Ya México en Madrid no me hace falta.
            Abrazad a don Pedro de Mendoza.

Gómez   ¡Válgame Dios! ¡Qué encuentro tan dichoso!
            Volved a la cochera la carroza.
               Querido hijo, triste y cuidadoso,
            por no saber de vos, me habéis tenido.
            Serafina, ¿no abrazas a tu esposo?

Serafina   Seáis, señor, mil veces bien venido;
            que otras tantas os hemos deseado.

Juan   Parte de esos deseos me han cabido.
               Si no es indigno el nombre de cuñado
            de vuestros brazos, dádmelos agora.

Gabriel   ¿Sois vos don Juan?

Juan   Seré vuestro criado

Gabriel   No ha mentido la fama voladora,
            que en Indias vuestro talle encareciendo
            sus damas mexicanas enamora.

Juan	No seáis indiano en eso; que no entiendo
que para que yo os sirva es necesaria
la merced que me estáis, don Pedro, haciendo.
Gómez	¿Buena navegación?
Gabriel	Algo contraria,
ya con calmas pesadas, ya con brisas,
ya con una tormenta extraordinaria.
Gómez	¿No escribiérades luego?
Juan	Son precisas
las diligencias del que toma tierra.
Gabriel	Prometí una novena con cien misas
a la Virgen de Regla, que en la sierra
de Sanlúcar ha sido nuestro norte,
y apaciguó del mar la mortal guerra;
partí luego del Betis a esta corte,
y, por no dividir el gusto en plazos,
la carta quise ser, cobrando el porte
por junto en parabienes y en abrazos.
Gómez	¿Cuándo llegastes?
Gabriel	Cuando anochecía.
Gómez	¿Salisteis de Toledo?
Cornejo	Hechos pedazos,
ayer salimos a las diez del día.
Gómez	Traigan a casa el hato.

Gabriel	Una maleta
	viene ahora no más con ropa mía.
Cornejo	Y más cartas que lleva la estafeta.
Gabriel	Los baúles vendrán con el arriero.
Gómez	¿Cómo queda don Diego?
Gabriel	Aunque le aprieta
	algo la gota, y en la edad de acero
	según vive de sano y colorado,
	más luce en él el mayo que el enero.
Gómez	A divertirse Serafina al Prado
	salía, de esperaros impaciente;
	pero, pues a tal tiempo habéis llegado,
	volvámonos a entrar.
Gabriel	No es bien que intente
	impedir vuestro gusto. A acompañaros iré.
Serafina	¡Y fuera muy bueno que, si ausente
	salía melancólica a buscaros
	en mi imaginación, cuando os poseo,
	deje por gustos tibios de gozaros!
	Entrad, señor.
Gabriel	Que sois serafín creo,
	como en belleza, en discreción.
Cornejo (Aparte.)	(¿Qué encanto
	de Belianís es éste en que me veo?)

(Yéndose.)

Serafina ¡Hola! ¿No hay quien me quite aqueste manto?

Cornejo ¡Hola! ¿No hay quien la quite aquel manteo?

(Vanse, y quedan Don Juan, y Polonia.)

Juan Polonia, quédate aquí.

Polonia ¿Hay en qué pueda servirte?

Juan Mucho tengo que decirte
y en que fiarme de ti.

Polonia Agradecida te espera
la lealtad que echas de ver.

Juan ¿Reparaste acaso ayer
en aquella panadera
que proveyó nuestra casa?

Polonia Y en la blancura del pan,
que de leche nos le dan
las manos con que le amasa.
Comprélo para la gente;
que, en la mesa principal,
de atahoma y candeal
se gasta ordinariamente;
pero, viendo en él las flores
que su dueño le prestaba,
me pareció, si no honraba
la mesa de los señores

> con su blancura, que hacía
> un delito criminal;
> y en fin, su sazón fue tal,
> que hasta el viejo se comía
>   las manos tras ello, y tú
> los manjares olvidabas,
> y en él te saboreabas
> como si fuera alajú.

Juan   ¿Que hasta en eso reparaste?

Polonia   ¿No había de reparar,
> si advertí que en el lugar
> ni una migaja dejaste,
>   sea apetito o aseo?
> Si así el avariento fuera,
> nunca Lázaro tuviera
> de sus migajas deseo;
>   que todas te las comiste.

Juan   Aunque el cuerpo sustentaban,
> al alma se trasladaban.
> Mas, supuesto que la viste,
>   di, ¿hay sayal más venturoso?
> Pues de tan bello cristal
> es funda aquel sayal.
> ¿Puede el tabí más precioso
>   compararse con su frisa?

Polonia   ¡Bueno estás!

Juan   Ni la mañana,
> cuando entre labios de grana
> el Sol la provoca a risa,

¿admite comparación
con aquellos dos corales,
que de perlas orientales
guarda-joyas ricos son?
    ¿Espira aliento el azar
que al suyo haga competencia?
¿Alcanzó jamás la ciencia
del pincel más singular
    la mezcla de aquel carmín,
que con la nieve se enlaza,
y en las mejillas abraza
el clavel con el jazmín?
    ¿Es tan hermosa en el cielo
la cuna donde el Sol nace,
como la que el Amor hace
para sí en aquel hoyuelo
    que la nariz de los labios
divide, y por quien trocara
su sepulcro el ave rara
muerta entre olores arabios?
    ¿Divide las dos Castillas
Guadarrama majestuosa,
como la nariz hermosa,
poniendo en paz las mejillas?
    Ni ¿hay soles que comparar
a las niñas de los ojos,
que salen quitando enojos,
vestidas de verdemar,
    y, porque de sus marañas
libre amor los corazones,
son, si sus ojos balcones,
celosías sus pestañas?
    ¿Pudieron arcos triunfales
dar soberbia a la ventura,

    como en esta arquitectura
    vista a los arcos torales,
        donde el artífice astuto
    cifró en obras sus deseos,
    por los que vencen, trofeos,
    por los que matan, de luto?
        ¿Pieza de bruñida plata,
    gozóla jamás señor
    como su frente el Amor,
    donde por justicia mata
        libertades en que reine?
    ¿Ni vio la naturaleza,
    si no es solo en su cabeza,
    que ya el ébano se peine?
        ¿Hay cristal, hay nieve en pellas,
    leche o manteca azahar
    que se pueda comparar
    con aquellas manos bellas,
        a un tiempo blandas y secas,
    en mí de fuego y de hielo?
    Pues todo esto debe al cielo
    la villana de Vallecas.

Polonia   ¡Ay, pobre de vos, don Juan!
    Mucho el zapato os aprieta,
    cogido os ha la carreta,
    zarazas os dio en el pan.
        ¿Así a las primeras chispas
    os quema el amor trampero?
    Pero es hijo de un herrero.
    Es abeja, y pare avispas.
        ¿Habéisle hablado?

Juan   Es un risco.

Polonia	Todas las villanas son
gatos en camaranchón,
que éste debe ser arisco.
Juan	No tanto que, al despedirse,
con una risa hechicera,
Polonia, la panadera,
no mostró sentir partirse;
y, con un sabroso adiós,
me dijo: «Acá volveremos
mañana, porque tenemos
mucho que parlar los dos».
Polonia	¿Eso dijo la villana?
Juan	Amor este plazo acorte.
Polonia	Con el trato de la corte,
se habrá vuelto cortesana.
Pues bien, ¿qué quieres de mí?
Juan	Que, cuando con el pan venga,
tu discreción la detenga
hasta que yo salga aquí;
que me tiene rematado.
Polonia	¡Que en medio de Madrid pueda
vencer al sayal la seda!
Juan	No es sayal, sino brocado.
Pero, ¿no es ésta?
Polonia	Don Juan,

                    bien la palabra te guarda.

Juan   ¡Ay cielos, ella es!

Violante (Dentro.)   Jo, parda.
                    Jo, digo. Bajen por pan,
                        si han de bajar.

Juan   Dejamé
                    solo, y no digas arriba
                    nada de esto.

Polonia   ¿Yo? Así viva,
                    que un nudo a la lengua dé.
                        Pero ¿quién de ti creerá
                    que en villanos gustos pecas?

Violante (Dentro.)   Vengan por pan de Vallecas.

Juan   Vete y calla.

Polonia   Adiós.

Violante   Jo, ya.

(Vase Polonia. Sale Doña Violante, de villana, con un pan y un palo.)

Juan   Vos seáis tan bien venida
                    como por mayo la lluvia,
                    como por enero el Sol,
                    como en creciente la Luna
                    que, alegrando el caminante,
                    preside en la noche oscura,
                    y, enseñándole la senda,

sus peligros asegura.

Violante ¿Acá estaba su merced?
¡Han vido lo que madruga!

Juan El cuerpo sí, porque el alma,
desde que ayer os vio, os busca.

Violante ¿Luego el alma tien buscona?

Juan Y si halla lo que procura,
buen hallazgo me prometo.

Violante ¿Qué ha perdido?

Juan Joyas muchas.
La libertad, que se fue
de casa, y, como criatura,
no acierta volver a ella,
por más que llore y pregunta.

Violante Pues cósala a las espaldas
un letrero o escritura,
o dé un real al pregonero;
que él la hallará, aunque sea aguja;
o haga ponelle una corma
después, porque no se le huya;
que, si da en buscar novillos,
sin ser música, hará fugas.

Juan Vino ayer una gitana
que las libertades hurta,
y temo que se la lleva.

Violante	Gitanas son malas cucas.
Juan	¿Y si vos fuésedes ésta?
Violante	¡Mas arre! Habrar con mesura; que entiendo poco de rayas, y no me precio de bruja.
Juan	A lo menos hechicera debe ser vuestra hermosura, y vos gitana de amor, que me dice la ventura.
Violante	Bellaca se la prometo, si es que a mí me la pescuda; porque mal la dirá buena quien se queja de la suya.
Juan	Donaire tenéis.
Violante	Sin don; que en Vallecas más se usa el aire a limpiar las parvas, que el don que mes las ensucia. ¿Tienen de bajar por pan?
Juan	¿Es blanco?
Violante	Como el azúcar.
Juan	¿Sabroso?
Violante	Como unas nueces.

Juan ¿Reciente?

Violante Que abrasa y suda.

Juan Todo lo que vos traéis, quema.

Violante Seré calentura.

Juan ¿Habéisle vos amasado?

Violante Pues.

Juan ¿Vos misma?

Violante ¡No, si el cura!

Juan Partilde, veré si es blanco.

Violante ¿Es antojo?

Juan ¿Quién lo duda?

Violante ¿Preñado está?

Juan De deseos.

Violante Pues no mueve la criatura.

(Pártele un pedazo de pan.)

Tome.

Juan Habéisle de partir

	con los dientes.
Violante	De mi burra. ¿Y querrá que se le masque?
Juan	También.
Violante	Arre, que echa pullas.
Juan	Pan de vuestra hermosa boca, dado contra mordeduras de celos, perros rabiosos, es pan que el amor saluda.
Violante	¿Luego rabia su mercé?
Juan	Casi, casi.
Violante	Doyle a Judas. Apártese, no nos muerda y pegue el mal a mi rucia.
Juan	Mientras vos estáis presente, no osa el mal hacerme injuria, que sois mi saludadora.
Violante	¿De esa orina me gradúa?
Juan	A soplos podéis sanarme; ¡mirad qué barata cura!
Violante	Tráigame pues unos fuelles; daréle hartas sopladuras.

Juan	Refrescadme el corazón,
	que en fuego de amor se apura.
	Llegad, sopladme en la boca.
Violante	Póngala, si soplos busca,
	aquí, que está el sopladero

(Señala la cola de la burra.)

                de mi parda, con mesura.

Juan	Acabad; no seáis cruel;
	soplad.
Violante	Arre, que echa pullas.
Juan	Bien sabéis vos que os adoro.
Violante	Mejor sé yo que se burla;
	que no busca en charcos ranas
	quien tien en la corte truchas.
Juan	Engañada estáis en eso;
	que, el que regalos procura,
	al campo a buscarlos sale;
	el conejo en la espesura,
	la liebre corre en llanos,
	y por la arena menuda
	las perdices y palomas;
	junto de las fuentes puras
	arma a los pájaros redes,
	y, alguaciles de sus plumas,
	las prende con varas altas
	de varetas, porque no huyan;

            de suerte, que no hay regalo
            que a la mesa de la gula
            sirva platos de deleite,
            que el campo no lo produzca.
            En el campo vivís vos;
            cazadora es mi ventura,
            caseras aves la enfadan,
            perdices del campo busca.

Violante   Pardiez, que en eso acertáis;
            que las aves o avechuchas
            de Madrid son papagayos,
            pluma hermosa y carne dura.
            ¡Quién se las ve pavonadas
            arrastrando catalufas,
            con más joyas que unas andas,
            y una igreja colgaduras!
            Si a pie, sobre nieve corchos
            afrenta de la pintura,
            dando a la plata de coces,
            que por los lodos ensucian;
            si a caballo, en cuatro ruedas,
            y la Fortuna sobre una;
            porque, en fin, son más mudables
            tres veces que la Fortuna.
            Pues desplomadas, veréis
            cuán poco aprovechó el cura
            cuando les puso en la igreja
            la sal, porque no se pudran.
            Puesto que los que las comen,
            nos suelen dar por excusa
            que, perdices y mujeres,
            aunque oliscan, no disgustan.

Juan	¿Hay gracia más sazonada? Dame esa mano.
Violante	¡O hi de pucha! ¿Y qué queréis her con ella?
Juan	La nieve de su blancura podrá mitigar mi fuego.
Violante	¿Es mi mano la de Judas, con que matan las candelas, dejando la igreja a oscuras?
Juan	Dámela, no seas cruel.
Violante	Hágase allá; no se aburra por ella; que tiene dueño.
Juan	¡Ea!
Violante	A fe que le sacuda. ¿No le he dicho que hay quien pida cuenta de ella?
Juan	¿Cuenta?
Violante	Y mucha,
Juan	¿Luego quieres bien?
Violante	Un poco.
Juan	¿Amor tienes?

Violante	Una punta.
Juan	¿Eres casada?
Violante	En eso ando.
Juan	¿Serás, pues, doncella?
Violante	En muda.
Juan	¿Estás concertada?
Violante	Estaba.
Juan	¿Y agora?
Violante	Se ofrecen dudas.
Juan	¿Qué esperas?
Violante	Que nos arrojen.
Juan	¿De dónde?
Violante	De la tribuna.
Juan	¿Para desposaros?
Violante	Pues.
Juan	¿Quién lo estorba?
Violante	Mi fortuna.

Juan ¿Tienes celos?

Violante Por arrobas.

Juan ¿Con justas causas?

Violante Con justas.

Juan Yo te vengaré.

Violante ¿Y podrá?

Juan ¿Pues no?

Violante Es persona robusta.

Juan ¿No es villano?

Violante Eslo en el trato.

Juan Pues muera.

Violante ¿Quién lo rempuja?

Juan Tu agravio.

Violante Él se enmendará.

Juan Los míos.

Violante ¿En qué le injuria?

Juan En amarte.

Violante	¡A Dios pluguiera!
Juan	¿Es mudable?
Violante	Cual la Luna.
Juan	Aborrecerle.
Violante	¿Por quién?
Juan	Por mí.
Violante	Arre, que echa pullas.
Juan	Labradora de mis penas, que, contándome las tuyas, entre lágrimas y celos mi esperanza traes confusa, si te casas y me dejas, tu vida y mi sepultura celebrará amor a un tiempo.
Violante	Habrá requies y aleluyas. ¿Parécele a su merced que las labradoras usan quillotros de amor, infame si no es con voluntad lumpia?
Juan	Limpio es mi amor.
Violante	Si le lava. ¿Casaráse él por ventura conmigo, como mi Antón?

Juan	Por ventura, y será mucha
la que el cielo me dará.
Violante	Es muy alto de estatura,
y muy pequeña mi suerte.
Juan	Amor las iguala y junta.
Violante	No sabré yo entarimarme,
ni caminar campanuda
en cuatro leguas de ruedo,
como cesta de criatura.
¡Bonita es la muchacha
para estarse hecha figura,
sufriendo en una visita
desacatos de una pulga!
El amor anda entre iguales;
que no hay labrador que unza,
si quiere arar igualmente,
un camello y una mula.
Supuesto esto, o toman
en casa, o adiós.
Juan	Escucha,
simple-sabia de mis ojos.
Si palabras aseguran,
si juramentos obligan,
si prendas desatan dudas,
por la luz de esos dos soles
que mis tinieblas alumbran,
por el abril de esa cara
que el enero no destruya,
que, si hallo que tu opinión
corresponde a tu hermosura,

| | sin mirar en calidades
—que amor no las pide nunca—,
rendirte he, siendo tu esposo,
la hacienda que me asegura
dos mil ducados de renta. |
|---|---|
| Violante | Mire, si limpiezas busca,
más cristiana vieja soy
que Vizcaya y las Asturias. |
| Juan | ¿Has cobrádome afición? |
| Violante | No sé qué diablos me hurga,
desque le vi, dentro al alma,
que tien más de mil agujas.
Pero en fin, ¿se casará conmigo? |
Juan	Sin falta alguna.
Violante	¿Y empalagaráse luego?
Juan	Amor firme siempre dura.
Violante	Lo dulce luego empalaga,
y, como el amor es fruta,
suele comerse al principio,
y enfadar después, madura.
Juan	No hayas miedo de eso.
Violante	¿A fe?
Juan	Por tu vida.

Violante	¿Y por la suya?
Juan	Todo es uno.
Violante	En fin, ¿le agrado?
Juan	Infinito.
Violante	¿Iré segura?
Juan	Noble soy.
Violante	¿Querráme mucho?
Juan	Adoraréte.
Violante	¿De burlas?
Juan	De veras.
Violante	¿Regalaráme?
Juan	Como a reina.
Violante	¿Hará locuras?
Juan	En quererte.
Violante	¿Es amorado?
Juan	Más que un portugués.
Violante	¿Arrulla?

Juan   Como paloma.

Violante   ¿Rezonga?

Juan   De ningún modo.

Violante   ¿Murmura?

Juan   Pocas veces.

Violante   ¿Es tahúr?

Juan   Solo en amarte.

Violante   ¿Madruga?

Juan   Poco.

Violante   ¿Viene tarde a casa?

Juan   Vendré con el Sol.

Violante   ¡Cordura!
           ¿Qué me llamará?

Juan   Mi cielo.

Violante   ¡Y qué más!

Juan   Mi Sol.

Violante   Con uñas.

Juan   Mí reina.

Violante		¿Engalanaráme?
Juan	Como abril.	
Violante		¿Diráme injurias?
Juan	En mi vida.	
Violante		¿Andaré en coche?
Juan	Y en carroza.	
Violante		¿Traeré puntas?
Juan	De Flandes.	
Violante		¿Y azul?
Juan		También.
Violante	¿Saldré algunas veces?	
Juan		Muchas
Violante	¿A visitas?	
Juan		Sí.
Violante		¿Y a toros?
Juan	Con balcón.	
Violante		¿Y confitura?

Juan	Cuanta quieras.
Violante	¿Si hay comedias?
Juan	No las perderás.
Violante	¿Ninguna?
Juan	Ninguna, pues.
Violante	¿Iré al Prado?
Juan	Irás al Sol.
Violante	¿Y a la Luna?
Juan	El verano.
Violante	¿Y qué ha de darme?
Juan	El alma.
Violante	Arre, que echa pullas.
Juan	¡Polonia!

(Sale Polonia.)

Polonia	¿Qué es lo que mandas?
Juan	Tomar todo el pan procura, y mete allá ese animal.

Violante	Hay media anega.
Juan	Haya una.
Polonia	Pan hay para dos semanas.

(Vase Polonia.)

Violante	Sáqueme luego la burra; que anochece; y, si voy tarde, temo que mi viejo gruña. ¿Págueme?
Juan	En este diamante.
Violante	¡Han vido como relumba!
Juan	Como tus ojos.
Violante	¿Es falso?
Juan	No hay cosa en mí falsa alguna.
Violante	¿Y qué más?
Juan	Esta cadena.
Violante	¿De alquimia?
Juan	Cual tu hermosura; de veinticinco quilates.
Violante	¡Qué bien vende sus agujas!

Juan	Y este bolsillo después.
Violante	¿Son menudos?
Juan	Es menuda, para tus merecimientos, cuanta hacienda entra en Sanlúcar.
Violante	Franco es.
Juan	Sélo tú.
Violante	¿En qué?
Juan	En darme una mano.
Violante	¿No más que una?
Juan	Basta.
Violante	Velas aquí dambas.
Juan	Vengan.
Violante	Arre, que echa pullas.

(Salen don Gómez, doña Serafina y un Criado.)

Gómez	Dejémosle por un rato descansar. ¿Qué te parece?
Serafina	Que su presencia merece, noble y apacible trato,

	cualquier generoso empleo.
Gómez	No importa poco este abono.
Serafina	Ya su tardanza perdono, si hizo mártir mi deseo. ¡Gallarda moza!
Gómez	Don Juan, ¿qué labradora es aquésa?
Juan	La que sazona tu mesa con el más sabroso pan que Vallecas dio a Madrid.
Gómez	¿Vos sois quien nos trajo ayer pan?
Violante	Y hoy lo vuelvo a vender.
Gómez	Cada día acá venid; que, como iguale al primero, tendréis en mí un parroquiano. ¿Cómo dejaste al indiano y aquí te quedaste?
Juan	Quiero prevenirle el aposento y dar en su cena traza.
Gómez	Vaya ese mozo a la plaza.
Juan	No habrá cosa de momento en ella; que es tarde ya.

Gómez   La dispensa del Marqués,
o la de algún genovés,
mi huésped regalará,
    que se ha de quedar por hijo
en casa.

Serafina   ¡Notable agrado
tiene nuestro encomendado!

Juan   ¿Ya le alabas?

Serafina   Ya le elijo
por dueño.

(Salen don Pedro y Agudo.)

Pedro   No hay dar con él.

Agudo   ¡Válgate el diablo por hombre!
Madrid es mar; no te asombre
que no halles tan presto en él
    un atún, donde andan tantos.

Pedro   No he perdonado mesón.

Agudo   Casas de posadas son
castillos de estos encantos.

Pedro   De don Gómez, he sabido
que vive aquí.

Agudo   Imprudencia
ha sido la negligencia

                que en descubrirte has tenido.
                   Háblale; que con su ayuda
                será más fácil hallar
                este diablo.

Pedro   Ha de dudar
               de mí.

Agudo   Entre tanto que duda,
                   dando señas de quien eres,
                esotro parecerá.

Pedro   Aquí don Gómez está.

Agudo   Cuanto más te detuvieres,
                   más agravias a tu amor.
                Pero ¿conócesle?

Pedro   Sí.
                Ayer mañana le vi.

Agudo   Pues llega a hablarle, señor.

Pedro   Si vuestros brazos merece
                quien, por gozar vuestra casa,
                el piélago inmenso pasa
                que sepulcro al Sol ofrece,
                   los trabajos restaurad
                de viaje tan prolijo
                en quien, siendo vuestro hijo,
                hace deudo la amistad
                   que con mi padre tuvisteis,
                y por vos España goza;
                don Pedro soy de Mendoza.

Gómez	¿Cómo es eso?
Pedro	Si escribisteis
a don Diego, mi señor,
a deseos de que viniera
de México, y mereciera
juntar en uno el valor
de vuestra casa y la mía;
en fe de cumplirlos vengo,
puesto que ocasiones tengo
más de pesar que alegría.
Gómez	Caballero, no os entiendo.
¿Que sois don Pedro decís
de Mendoza, y que venís
de México?
Violante (Aparte.)	(¿Qué estoy viendo?
¿No es éste aquel caballero
que la maleta trocó,
y el engaño declaró
de mi don Gabriel? ¿Qué espero?)
Pedro	Muy cuidadoso entendí
que en mi venida os hallara;
mas quien tan seco repara
en mis palabras así,
no debe de aguardar yerno
de Indias, o habrá tenido
nuevas que se habrá perdido.
Creí que, amoroso y tierno,
mi nombre apenas dijera,
cuando os hallara colgado

	de mi cuello, y que, turbado,
	mientras la lengua pudiera
	darme alegre el bienvenido,
	los ojos le interpretaran
	con lágrimas que mostraran
	el amor que habéis fingido.
Gómez	¡Ah don Juan! ¿No escuchas esto?
	Serafina, ¿esto no ves?
Pedro	¿Aquéste el serafín es
	que en tanto riesgo me ha puesto?
	¿Vos sois don Juan de Peralta?
	Dadme los brazos los dos.
Serafina	Téngase, señor. ¡Ay Dios!
	¡Qué grosero!
Pedro	¡Esto me falta,
	tras la pérdida pasada!
	Desengáñalos, Agudo.
Agudo	De admiración estoy mudo.
Pedro	¡Oh Madrid, Creta encantada!
	¿Esto es lo que en ti medro?
Juan	Que vos don Pedro os llaméis
	de Mendoza o no, sabréis
	que el verdadero don Pedro
	ha un hora que en casa está
	por hijo de ella admitido,
	por cartas reconocido,
	y por las señas que da.

Gómez	Si la corte os ocasiona
	y sus enredos a usar
	marañas con qué engañar,
	no es digna vuestra persona
	de tan ruin proceder.
Serafina	Mejor fuera dar noticia
	de este engaño a la justicia.
Pedro	¡Cielos! ¿Esto vengo a ver?
	No me espanto que, engañado,
	señor don Gómez, neguéis
	en quien nunca visto habéis
	la acción que el cielo me ha dado.
	Ese don Pedro fingido
	es un embelecador,
	en sus engaños traidor,
	si en su talle bien nacido,
	que, hurtándome hacienda y nombre
	en Arganda el otro día,
	pagó así mi cortesía
	y regalos, porque es hombre
	que, engañando con el traje
	a quien en su casa le honra,
	las hijas nobles deshonra
	en pago de su hospedaje.
	Huyendo de Flandes viene,
	como dirá este papel,
	y el capitán don Gabriel
	de Herrera por nombre tiene.
	Palabra de esposo dio
	a cierta doña Violante
	en Valencia, y al instante

                se fue que la deshonró.
                   Si no basta esta experiencia,
                en casa le recibid;
                que mejor hará en Madrid
                embelecos que en Valencia;
                   y admítale por amante
                vuestra hija, si a él se inclina,
                porque doña Serafina
                consuele a doña Violante.

Violante (Aparte.)   (¡Bueno anda, cielos, mi honor,
                y buena anda también, cielos,
                la confusión de mis celos
                y el crédito de mi amor!)

Gómez   ¿Hay enredo más extraño?
                Llamadme a don Pedro acá.

Serafina   No le llamen; que será
                ocasión de algún gran daño.
                   Éste será su enemigo,
                que por este modo intenta
                hacer a don Pedro afrenta;
                y crean, pues yo lo digo,
                   que el corazón no me engaña.
                Porque ¿quién ha de creer
                que tal se atreviera a hacer
                un hombre a quien acompaña
                   tan noble disposición?
                ¿No autorizan su nobleza
                las joyas que con largueza
                me acaba de dar? ¿No son
                   las cartas testigos fieles
                que del virrey ha traído,

	las que de su padre has leído,
	las libranzas y papeles,
	de más de treinta mil pesos,
	con que mentiras contrasta?
	Yo le quiero bien, y basta.
Pedro	¿Hay más confusos sucesos?
Agudo	Ahora entra el hablar yo.
	A pagar de mi dinero,
	que ese pardo caballero
	la maleta nos llevó,
	por mi culpa y nuestro daño
	en Arganda, y que en su vida
	vio a México; y, si es servida,
	salga aquí, y verá su engaño.
	Y si no, porque aproveche,
	respóndame a este argumento:
	las islas de Barlovento
	¿cuántas son? ¿Dónde es Campeche
	¿Cómo se coge el cacao?
	Guarapo, ¿qué es entre esclavos?
	¿Qué fruta dan los guayabos?
	¿Qué es cazaba, y qué jaojao?
Serafina	¿No ves como están sin seso?
	Repara en los disparates
	que dicen.
Gómez	Casa de orates
	es la corte.
Pedro	¿Cómo es eso?
	Vive Dios, que me obliguéis

| | a que dé en la calle voces,
y saque ese infame a coces,
cuando esconderle intentéis. |
|---|---|
| Gómez | ¡Miren si crece la furia!
No hay que hablar; locos están.
Échalos de aquí, don Juan. |
| Pedro | Cuando me hagáis esa injuria,
os hará creer quien soy
la espada que al lado ciño. |
| Juan | ¡Pobre mozo! |
| Gómez | ¡Buen aliño
de don Pedro! |
| Agudo | Ya me doy
por conventual del Nuncio.
No nos lleven a Toledo;
vámonos, que tengo miedo
de aquestos hombres. Renuncio
el título que hasta aquí
tuve de indio. |
| Pedro | ¡Qué consienta
tal burla el cielo en mi afrenta! |
| Serafina | Ya le torna el frenesí. |
| Pedro | Vive Dios, que he de sacalle
a estocadas acá fuera.
Veamos si esta quimera
osa afirmar en la calle. |

| | Ya de veras me provoco, |
| | y el seso y paciencia pierdo. |

Serafina Padre, teme, si eres cuerdo,
la espada en manos de un loco.
Déjalos en el zaguán.

Gómez   Cierra aquesa puerta apriesa.

Juan   Entraos acá, mi Teresa.

Violante Ya yo sé, señor don Juan,
amansar locos.

(Vanse todos y quédanse doña Violante, don Pedro y Agudo.)

Violante   Pesada
burla, don Pedro, os han hecho,
pero aquí no es de provecho
mostrar razones ni espada.
¿Conocéisme?

Pedro   ¿No sois vos
la villana de Vallecas?

Violante Sí, que entre artesas y ruecas
me han dado de dos en dos
  los oficios, ya de hilar,
ya de amasar y traer
pan a Madrid que vender.
Bien pudiera atestiguar
  lo que cerca de esto sé,
y yo por mis ojos vi;
pero, si admitís de mí

| | los consejos que os daré,
| | dejad pasar esta furia,
| | y entre tanto prevenid
| | quien os conozca en Madrid
| | y libre de tanta injuria;
| | que imposible es que no haya
| | algunos en esta villa,
| | que en México, o en Sevilla
| | cuando pisasteis su playa,
| | no sepan quién sois.

Pedro   Hay ciento
en Sevilla; mas no sé
si en Madrid los hallaré.

Violante   Escribid allá.

Pedro   Eso intento;
  mas si entre tanto se casa...

Violante   Eso no; yo os lo aseguro.
Venir cada día procuro
con pan reciente a esta casa.
  Tengo ya mucha amistad
con la Serafina bella,
y suelo parlar con ella
con gusto y con igualdad.
  En lo que os podré servir
es que, entre tanto que halláis
los testigos que buscáis,
me obligue yo a persuadir
  que vuestra dama dilate
sus bodas, porque llevarlo
así a veces, será echarlo

a perder.

Agudo   Que es disparate.

Pedro   Si vos, bella labradora,
eso hiciésedes, sería
la hacienda y la vida
mía vuestra perpetua deudora.

Violante   La lástima que me hacéis,
me obliga a que por vos haga
esto, sin querer más paga.

Pedro   Buena de mí la tendréis.

Violante   No os canséis en la demanda,
hasta que halléis quien de vos
dé noticia. Adiós.

Pedro   Adiós.

Agudo   ¡Válgate el diablo el Arganda!

(Vanse los dos.)

Violante   Basta, que aquí está el ingrato
ocasión de mis querellas,
y que en engañar doncellas
ha puesto caudal y trato.
   Ya yo supe desde ayer
que era ésta la Serafina
que al indiano desatina
y mi esposo vino a ver.
   A don Juan traigo perdido,

        y téngole de enlazar,
        por lo que me ha de importar
        el tenerle entretenido.
           Amor, pues tanto embelecas,
        dame algún discreto ardid
        con que celebre Madrid
        la villana de Vallecas.

(Vase. Salen don Vicente y Aguado.)

Vicente	¿Tú en la corte, traidor? ¿Qué es de mi hermana?
	Contigo huyó sin honra y sin recato;
	tú sabes de ella, y quien me afrenta sabes.
	Dímelo, o vive Dios que en ti comience
	a dar principio a mi venganza honrada.
Aguado	Detén, señor, la furia con la espada.
	Verdad es que salí con mi señora
	la misma noche que la echaste menos,
	porque, burlada de promesas leves
	de un soldado de Flandes que allí vino,
	a trueque de palabras y de firmas,
	le dio la posesión de su honra y fama.
	Enamorada de botones de oro,
	y de plumas ligeras que volaron
	con su ingrato soldado fugitivo,
	la enseñó, aunque fue tarde, su escarmiento,
	que, quien en plumas fía, cobra en viento;
	salimos de Valencia; mas no pienses
	que puedan tanto en ella sus agravios,
	que al qué dirán del vulgo impertinente
	arriesgue su opinión por los caminos,
	viniendo tras su amante hasta en la corte;
	antes, juzgando por indigna cosa,

vivir en tu presencia deshonrada,
y a vista de los ojos de Valencia,
—que el noble, aunque afrentado, si es discreto,
piensa que todos saben su secreto—
de mi lealtad fiada, hasta Monviedro
salió conmigo, y en la real clausura
que de Santa Matrona tiene nombre,
a la abadesa dio, por ser su tía,
cuenta de su desgracia, y, entre tanto
que el cielo da remedio a sus injurias,
encerrada y llorando cada día,
maldice la mujer que en hombres fía.
Prometíla venir a Madrid luego
en busca de don Pedro de Mendoza
y don Gabriel de Herrera, que disfraza
aqueste nombre, que es el verdadero,
para engañar mejor con el primero;
y quiso Dios que en la posada misma
que tomé en esta corte, se aposenta
el autor cauteloso de tu afrenta.
Porque, creyendo entrar en mi aposento,
entré en el suyo, y vi sobre un bufete
billetes de tu hermana y mi señora,
que en fe de sus amores la escribía
cuando en Valencia conquistó su fama;
y, de algunos papeles que con ellos
hallé revueltos y leí curioso,
supe llamarse don Gabriel de Herrera,
ser capitán de Flandes, y haber muerto
a un ilustre tudesco, a cuya causa,
huyendo de castigos y temores,
viene a Madrid con cartas de favores.
Ésta es la verdad pura, y porque sepas
si la digo o si miento, aguarda un poco;

              sacaré los papeles, que aquí dentro
              de tus azares han de ser encuentro.

(Vase.)

Vicente   Honra, si esto es verdad, dadme en albricias
              el gusto que me falta por perderos.
              Si el capitán ingrato tiene prendas
              dignas de mi valor, y restituye
              a mi hermana la honra que ha usurpado,
              será, en vez de enemigo, mi cuñado.

(Sale Aguado.)

Aguado   Abierto el aposento se dejaron,
              porque en falso la llave en él echaron.
              ¿No es de doña Violante aquesta letra?
              Estos versos ¿no son en su alabanza?
              Y en ellos ¿no blasona avergonzado
              un Sol, de quien el otro fue traslado?
              Mira pues esta carta, y saca de ella
              cómo se llama este don Pedro falso,
              la muerte del tudesco y su venida,
              y estima mi lealtad agradecida.

(Don Vicente lee los papeles aparte.)

              De molde ha venido el hospedaje
              en la misma posada de don Pedro;
              que, aunque de las maletas supe el trueco,
              y sé que el pobre indiano está inocente,
              entre tanto que el otro no parece,
              sosegaré la furia valenciana
              de mi señor, padezca o no padezca

              don Pedro de Mendoza; que, pues finjo
              que la villana noble está en Monviedro,
              este enredo ha de ir de Pedro a Pedro.

Vicente   Ya doy por bien empleada mi venida.
              En la corte no es cuerdo el que negocia
              casos de honra por armas, que se quedan
              en la calle, saliendo a poner paces
              sus vecinos, y, siendo pregoneros,
              a una verdad añaden muchos ceros.
              Más vale averiguarlo por justicia,
              y, haciéndole prender seguramente,
              el qué dirán huir del vulgo y gente.
              Llámame un alguacil de corte al punto.

Aguado (Aparte.)   Con él vuelvo al instante. (El mexicano
              perdone; que este enredo importa ahora
              a mi vida y honor de mi señora.)

(Vanse. Salen don Pedro y Agudo.)

Pedro   Agudo, ¿aquésta es España?
              ¿Castilla y su corte es ésta,
              tan celebrada en las Indias
              en el término y llaneza?
              Los que de España pasaban,
              nos decían en mi tierra
              que los dobleces y engaños
              eran naturales de ella;
              bien lo experimento en mí,
              pues en Madrid entro apenas,
              cuando confunden mi dicha
              los laberintos de Creta.
              No hallo nobleza sencilla,

amistad que permanezca;
caballos de Troya son
cuantos la corte sustenta.
¿Qué he de hacer menospreciado,
sin crédito y sin hacienda,
tenido por loco en casa
de don Gómez?

Agudo   Trocar quejas
en diligencias, señor.
Hoy es día de estafeta;
escribe luego a Sevilla
a algún amigo que venga
y traiga hecha información
de quién eres, con que puedas
desmentir de tu contrario
invenciones y quimeras.
El capitán del navío
en que viniste, en nobleza
y amistad es otro tú,
sino miente la experiencia.
Amigo fue de tu padre;
con su camarote y mesa
te obligó en la embarcación,
trayéndote por su cuenta;
él y los que te conocen
desharán aquesta tela,
que tantas marañas urden,
y tanta mentira enreda.
Acude a los mercaderes
de esta corte, a quien las letras
vienen que de Indias trajiste,
porque cobrallas no pueda
quien cobra las de tu amor;

          que, con estas diligencias,
          averiguando verdades,
          saldremos de esta molestia.

(Sale don Vicente.)

Vicente (Aparte.)   (¡Válgame el cielo! Si es éste
          el vil autor de mi afrenta,
          venganza, tened la espada;
          que aquí ha de hacer la prudencia
          más que el enojo arrojado.)

(Salen don Gómez, don Gabriel, don Juan, doña Serafina, doña Violante y Cornejo.)

Gabriel   ¿Hay semejante insolencia?
            Dejadme, señor don Gómez.

Juan   Deteneos.

Gabriel   ¿Que me detenga
            me aconsejáis vos, don Juan?
            ¡Vive Dios...!

(Habla aparte Cornejo a su amo.)

Cornejo   ¿Qué es lo que intentas?
            ¿Para qué a don Pedro buscas?

Gabriel   ¡Que haya en Madrid quien se atreva
            a tan gran bellaquería!
            ¡Que haya quien afirmar pueda
            que no soy don Pedro yo!

Cornejo	No levantes polvaredas
que han de darnos en los ojos.
Serafina	¡Que mis lágrimas no sean
bastantes a refrenar,
don Pedro, la furia vuestra!
Gómez	Serafina, ¿tú también
sales acá?
Serafina	No respeta
en los peligros Amor
imposibles que no venza.
Temo que alguna desgracia
a mi esposo le suceda,
que viene tras estos locos,
y el alma tras sí me lleva.
Violante (Aparte.)	(¡Ay, cielo! ¿en qué laberintos
mis desventuras enredan
la esperanza de mi amor,
medio verde y medio seca?
¿Qué es lo que intenta el ingrato
de mi amante, que encadena
tanto eslabón de mentiras
en su daño y en mi ofensa?
Sus pasos cual sombra sigo,
porque es imán su presencia
de los yerros de mi amor;
mi dicha a dorarlos vuelva.)
Juan	Aldeana de mis ojos,
¿qué hacéis vos aquí?

Violante	Soy muerta,
	señor don Juan, por hallarme
	entre pleitos y pendencias.
	¡Par diez que habemos de ver
	el fin que tienen aquéstas!
Juan	En todo sois de buen gusto.
Violante	Haylos bravos en mi aldea.
(Aparte.)	(¡Cielos! aquí está mi hermano.
	Si me ve, mi muerte es cierta.
	Sayal, villanos rebozos,
	mi vida se os encomienda.)
Gabriel	¿Sois vos el que, en desacato
	de mi fama y mi nobleza,
	pretendisteis usurpar
	mi apellido y nobles prendas?
	¿Sois el que afirmáis venir
	de Nueva España, y me afrenta
	diciendo que os he robado
	la esposa, el nombre, y la hacienda?
	¿El que el blasón de Mendoza,
	que mi sangre antigua hereda,
	os aplicáis, afirmando
	que soy don Gabriel de Herrera,
	que huyendo vengo de Flandes,
	que he deshonrado en Valencia
	una mujer principal,
	y otras marañas como éstas?
Pedro	A atrevimiento tan grande,
	por no decir desvergüenza,
	mejor será que os responda

         la espada, que no la lengua.
         No solo afirmo eso mismo;
         pero, conforme a las muestras
         de vuestro villano trato
         y ruin correspondencia,
         digo que tampoco sois
         don Gabriel, aunque desmienta
         los papeles que os abonan,
         quizá falseando letras,
         porque sujeto tan vil,
         ¿cómo es posible que tenga
         sangre generosa y noble,
         cuando se honra con la ajena?
         Que el hurtar en las posadas
         honras que vendéis por vuestras,
         como habéis hecho conmigo,
         no será en vos cosa nueva.
         Pero ¿qué sirven razones
         a quien no hace caso de ellas?
         Firme en mi abono la espada
         lo que en mi derecho aprueba.

   (Saca la espada.)

Gabriel   ¿Hay iguales desatinos?
           Agora digo es de veras
           el estar este hombre loco;
           mas curaréle la pena.
           Apartaos, mi Serafina;
           quitaos, don Juan.

Juan   No es prudencia
           sentirse de quien no agravia.
           Pase esto por burla y fiesta.

Gómez   Yo estoy de quien sois seguro,
        Serafina satisfecha,
        conocido este embeleco;
        ¿qué hay pues que indignaros pueda?

(Salen un Alguacil y Aguado.)

Aguado   El alguacil que mandaste,
         es éste.

Vicente   A buen punto llega.

Alguacil   Ya estoy del caso enterado.
           ¿A quién me mandáis que prenda?

Vicente   A este enredador de España;
           que, según son las quimeras
           que hace, no hallo otro nombre
           que más propio le convenga.

Alguacil   Soltad, hidalgo, las armas.

Pedro   ¿Yo?

Alguacil   Pues ¿quién queréis que sea?
           Veníos conmigo a la cárcel.

Agudo (Aparte.)   (¿Hay por aquí alguna iglesia?)

Alguacil   ¡Hola! tené ese lacayo.

Cornejo   Téngase al rey.

Agudo	Pues ¿tú llegas?
Cornejo	Yo llego.
Agudo	¿Quieres trocarme por otro como maleta?
Pedro	¿Qué nuevas persecuciones, cruel España, son éstas? ¿Qué insultos he cometido? ¿Es cuestión, es muerte, o deudas?
Alguacil	Todo junto.
Pedro	¿Qué decís?
Alguacil	La deuda es de una doncella, la muerte de un capitán, y ésta la riña o pendencia. Los papeles que con vos traéis son los que os condenan.
Vicente	Y yo la parte y el todo; que, a teneros en Valencia, de otra suerte averiguara vuestro insulto y mis afrentas.
Gabriel	Pues ¿qué es esto, caballero?
Vicente	Cosas indignas apenas de crédito, aunque se ven. Si he de sacar consecuencias de lo que aquí os he escuchado, éste es don Gabriel de Herrera,

                de el Mendoza usurpador,
                que a mi hermana menosprecia;
                a mí me trae en su busca,
                y a vos sus culpas os echa.

Pedro   Cielos! ¿En qué os he ofendido?
                No ha tres semanas enteras
                que tomé puerto en Sanlúcar
                —¡sepultárame su arena!
                Pues ¿cómo en tan corto
                espacio os pude yo hacer ofensa?
                Mirad que el que os agravió
                es este traidor, que intenta
                levantarse con mi esposa,
                con mi nombre y con mi hacienda.

Serafina   ¡No está mala la invención!

Pedro   Agudo, ¿cómo no alegas
                todo lo que en esto sabes?

Agudo   Cuando necesario sea,
                diré lo que en esto sé;
                que, desmentir tantas lenguas,
                es navegar contra el viento.

Pedro   Vos, hermosa panadera,
                ¿no sabéis lo que en esto hay?

Violante   ¿Yo? ¿De qué quiere lo sepa?
                ¿Hele visto yo en mi vida?

Pedro   ¿Hay confusiones como éstas?
                ¿No estuvisteis vos presente,

| | hidalgo, en aquella aldea,
donde supisteis el caso
y trueco de las maletas? |
|---|---|
| Aguado | ¿En aldea yo con vos?
Ya no me espanto que os tengan
por embaidor o por loco;
¡Conmigo vos! |
| Pedro | En Vallecas. |
| Aguado | ¿Dónde cae esa ciudad? |
| Pedro | ¡Un rayo caiga y me encienda!
Que, pues son contra mí todos,
ya la vida me molesta. |
| Alguacil | Vengan los dos a la cárcel. |

(Llévanlos.)

| Violante (Aparte.) | (Por librar mi ingrato de ella,
fingí ignorar lo que vi;
que el amor tiene más fuerza
que la injuria.) |
|---|---|
| Gómez | ¡Extraño enredo! |
| Gabriel | Con esto no habrá sospecha
acerca de mi opinión,
que a descomponerme venga. |
| Gómez | Pues de vos ¿cuándo la hubo? |

Serafina   Luego dije yo quién era
            el enredador. ¡Jesús!
            ¡Que esto en Madrid se consienta!

Vicente   Adiós, caballero.

Gabriel   Adiós.
            Servíos de la casa nuestra;
            y el fin que vos deseáis
            aquestos sucesos tengan.

Vicente   Bésoos, señores, las manos.

(Vase don Vicente.)

Violante   Aguado.

Aguado   Señora.

Violante   Ordena
            de verme.

Aguado   ¿Cuándo?

Violante   Mañana.

Aguado   Si iré.

(Vase Aguado.)

Juan   ¡Qué! ¿Vaisos, Teresa?

Violante   ¿No le parece que es hora?

Juan	Aunque es noche, no hay tinieblas donde vos estáis, que sois...
Violante	Dirá que Sol o linterna.
Gabriel	Todo se hace bien, Cornejo.
Cornejo	Date con la dama prisa; que por Dios que tengo el alma con más de mil tembladeras.

(Vanse todos; quédanse don Juan y doña Violante.)

Juan	¿Queréis que vaya con vos?
Violante	¿Para qué? Mi pueblo es cerca, la burra, al venir, de plomo, pero de pluma a la vuelta. No le faltará a quien ronde acá su merced; que hay rejas, y redendijas también.
Juan	Rondará memorias vuestras el pensamiento, no más. ¿Quién hay en Madrid que pueda competir con vos?
Violante	¿A fe?
Juan	¿Qué, me dejáis?
Violante	¿Qué, se queda?
Juan	A oscuras.

Violante	Pues Dios le alumbre.
Juan	¿Qué mandáis?
Violante	Que cene y duerma.
Juan	No podré.
Violante	¿Por qué ocasión?
Juan	Por vos.
Violante	¿Pues soy yo dieta?
Juan	De mis gustos.
Violante	¿Tiene muchos?
Juan	Cuando os miro.
Violante	¿Y en mi ausencia?
Juan	Mil tormentos.
Violante	¿Quién los causa?
Juan	La villana de Vallecas.

Fin de la segunda jornada

Jornada tercera

(Salen doña Violante, de dama; y don Luis de Herrera; y Aguado.)

Violante   En fe de la cortesía
a que es un noble obligado,
y de vos mi dicha fía,
os he, señor, suplicado
que honréis mi casa este día;
  porque después que he sabido
que de don Gabriel de Herrera
sois primo, me he prometido
el buen suceso que espera
mi honor, por él ofendido.

Luis   Cuando de venir a veros
no consiga otro interés,
señora, que conoceros,
y que me mandéis después
servicios que intento haceros,
  estimaré mi ventura,
dando a todos que envidiar;
pues si agradaros procura,
¿qué más premio que obligar
y servir tal hermosura?
  Primo soy, como decís,
de don Gabriel, y he sabido,
si agraviada de él venís,
que está en Madrid y que ha sido,
del modo que me advertís,
  quien a una doña Violante
palabra en Valencia dio,
y, huyendo al fin inconstante,
como mercader quebró

correspondencias de amante.
　He sabido que está preso
por su hermano, que ha venido
a castigar este exceso,
y que en Madrid, persuadido
de su amor o poco seso,
　a una doña Serafina,
bella, ilustre, rica y moza,
hacer creer determina
que es don Pedro de Mendoza,
con quien casar imagina,
　y viene de Indias a España.
Fingiendo no sé qué trueco,
principio de esta maraña,
con uno y otro embeleco
a cuantos le ven engaña.
　Su hermano mayor es muerto
en Granada, habrá ya un mes;
y como tuve por cierto
que estaba en Flandes, después
que hice poner en concierto
　el mayorazgo que hereda,
de tres mil y más ducados,
para que saberlo pueda,
dos pliegos van duplicados,
sin otro que en casa queda.
　Tuve entre tanto noticia
que había llegado aquí,
y le prendió la justicia;
mas, como nunca le vi,
por profesar la milicia
　desde niño, hasta saber
cuál de estos dos es mi primo,
no me he dado a conocer,

	ni le he hablado; aunque me arrimo
al más común parecer
de que es don Gabriel el preso,
y don Pedro de Mendoza
el que en aqueste suceso
el nombre y posesión goza.
Violante	No tenéis que dudar de eso.
Luis	Diciéndolo vos, ya fuera
mi duda poco cortés.
Mas, ¡que don Gabriel de Herrera
el amoroso interés
que en vuestra hermosura espera,
desestime! ¡Vive Dios,
que estoy por desconocerle!
Porque, agraviándoos a vos,
es culpa el favorecerle,
pues nos afrenta a los dos.
Cuando esa hermosa presencia
su nobleza no obligara
a justa correspondencia,
el veros venir bastara
en su busca de Valencia,
para pagar liberal
las deudas de vuestro honor
que ha negado desleal,
debiendo a tan firme amor
las costas y el principal.
Pero yo tomo a mi cuenta,
señora, haceros vengada,
por más que el bárbaro intenta
dejar su sangre manchada
con tan conocida afrenta.

La palabra que os ha dado,
hacer hoy que os cumpla quiero;
que es insulto en él doblado
el quebrarla caballero,
y el no cumplirla soldado.

Violante
Discreto habéis prevenido
las quejas que os vengo a dar,
y, pues me habéis conocido,
por vos pienso restaurar
mi fama y honor perdido.
     En vos, señor don Luis,
pongo toda mi esperanza.

Luis
Si mi palabra admitís,
ella os dará venganza,
el honor por quien venís.
     A la cárcel voy a ver
a vuestro ingrato deudor,
y, si sabe conocer
las prendas de vuestro amor,
fácil será deshacer
     esta quimera, y soltarle;
que amigos tengo en Madrid
con que poder ayudarle.

Violante
Que está mi hermano advertid
aquí, y que viene a buscarle,
     e importa que esté ignorante
de que en esta corte asisto.

Luis
No temáis, bella Violante;
que, pues la hermosura he visto
que despreció vuestro amante,

	ni le he hablado; aunque me arrimo
	al más común parecer
	de que es don Gabriel el preso,
	y don Pedro de Mendoza
	el que en aqueste suceso
	el nombre y posesión goza.

Violante   No tenéis que dudar de eso.

Luis   Diciéndolo vos, ya fuera
           mi duda poco cortés.
           Mas, ¡que don Gabriel de Herrera
           el amoroso interés
           que en vuestra hermosura espera,
           desestime! ¡Vive Dios,
           que estoy por desconocerle!
           Porque, agraviándoos a vos,
           es culpa el favorecerle,
           pues nos afrenta a los dos.
           Cuando esa hermosa presencia
           su nobleza no obligara
           a justa correspondencia,
           el veros venir bastara
           en su busca de Valencia,
           para pagar liberal
           las deudas de vuestro honor
           que ha negado desleal,
           debiendo a tan firme amor
           las costas y el principal.
           Pero yo tomo a mi cuenta,
           señora, haceros vengada,
           por más que el bárbaro intenta
           dejar su sangre manchada
           con tan conocida afrenta.

>   La palabra que os ha dado,
>   hacer hoy que os cumpla quiero;
>   que es insulto en él doblado
>   el quebrarla caballero,
>   y el no cumplirla soldado.

Violante   Discreto habéis prevenido
            las quejas que os vengo a dar,
            y, pues me habéis conocido,
            por vos pienso restaurar
            mi fama y honor perdido.
               En vos, señor don Luis,
            pongo toda mi esperanza.

Luis   Si mi palabra admitís,
            ella os dará venganza,
            el honor por quien venís.
               A la cárcel voy a ver
            a vuestro ingrato deudor,
            y, si sabe conocer
            las prendas de vuestro amor,
            fácil será deshacer
               esta quimera, y soltarle;
            que amigos tengo en Madrid
            con que poder ayudarle.

Violante   Que está mi hermano advertid
            aquí, y que viene a buscarle,
               e importa que esté ignorante
            de que en esta corte asisto.

Luis   No temáis, bella Violante;
            que, pues la hermosura he visto
            que despreció vuestro amante,

	o no me tendrá por primo,
	o por esposa os tendrá.

Violante	Vuestro favor noble estimo,
	pues seguro fin tendrá
	mi amor, siendo vos su arrimo.
	Yo soy madrina mañana
	de una hermosa labradora
	en Vallecas...

Luis	Poco gana
	a vuestro lado, señora,
	y en escoger fue villana,
	porque ¿qué ha de parecer
	en vuestra bella presencia?

Violante	Bien puede, don Luis, hacer
	a las damas competencia
	que en Madrid estimáis ver.
	Hame hospedado en su casa
	—porque encubierta, desde ella
	supe lo que en esto pasa,
	y quién es la Circe bella
	que a mi don Gabriel abrasa—
	y quiere en esto cobrar
	el hospicio que la debo.

Luis	Una cosa he de intentar.
	Si yo allá a don Gabriel llevo,
	y le viniese a obligar,
	que os diese de esposo allí
	la mano, ¿no es peregrina
	traza?

Violante	A suceder así,
	será novia la madrina.
Luis	Pues dejadme hacer a mí;
	que, si yo negociar puedo
	que le suelten en fiado,
	deshaciendo tanto enredo,
	a vuestro amor y cuidado
	he de asegurar el miedo.
	La corte he de revolver
	hoy para hacerle soltar.
Violante	Dificultoso ha de ser.
Luis	Mis amigos han de dar
	muestras hoy de su poder.
	Cuando sepan el valor
	del preso, y que es primo mío,
	con un seguro fiador
	que salga por él, confío
	que han de hacerme este favor.
	Mañana estamos los dos
	allá, porque estoy dispuesto,
	señora, a volver por vos.
Violante	No le digáis nada de esto.
Luis	Pues claro está. Adiós.
Violante	Adiós.

(Vase don Luis.)

Aguado	¿A qué propósito son.

tantas marañas?

Violante
      Después
que vieres su conclusión,
dirás que la mujer es,
Aguado, toda invención.

Aguado
 Si es don Pedro el que está preso,
¿para qué por don Gabriel
le haces soltar?

Violante
      Te confieso
que tengo lástima de él,
y temo no pierda el seso.
 Fuera de que no me está
su libertad mal a mí,
pues suelto averiguará
quién es, estorbando así
lo que preso no podrá.

Aguado
 Pues ¿para qué le has culpado
con su primo, y has fingido
que fe de esposo te ha dado,
que aquí por él has venido,
y que le lleve has trazado
 a Vallecas a casarle?

Violante
No he hallado modo mejor
que el que ves para obligarle
que ponga en esto calor,
y haga más presto soltarle.

Aguado
 Y allá ¿qué habemos de hacer
con ellos?

Violante	Déjame a mí.
Aguado	Demonio es una mujer. Hasme hecho buscar aquí esta casa de alquiler con todo aqueste aparato...
Violante	Lo que se halla por dinero en ocasión es barato.
Aguado	Dejas el traje grosero, y solo para este rato has despojado una tienda y tres sastres ocupado. No hay ingenio que te entienda.
Violante	De curioso en necio has dado. Mientras hay joyas que venda, ni mis gastos te den pena, ni pretendas saber más de lo que mi amor te ordena. Llámame a don Juan.
Aguado	¿Querrás hacerle otra burla?
Violante	¡Y buena! Hícele avisar que aquí una dama le esperaba mexicana.
Aguado	¿Y vendrá?

Violante	Sí.
Aguado	A su puerta te aguardaba, haciéndose ojos por ti, sin que villana pasase, que su bella panadera luego no se le antojase.
Violante	Ayunará, si hoy espera pan que Teresa le amase.
Aguado	¿Pues no te ha de conocer, si viene, habiéndose visto tantas veces?
Violante	¿No ha de hacer el traje noble que visto mudanza en mí? Una mujer, con el traje, si reparas, muda el rostro.
Aguado	Maravillas hacéis las mujeres, raras, pues de cuatro salserillas sabéis sacar veinte caras. Pero don Juan viene ya. ¿Qué maraña tienes nueva?
Violante	Ingeniosa. Éntrate allá.
Aguado (Aparte.)	(Si el demonio engañó a Eva, pruebe en mi ama; que él caerá.)

(Vase Aguado, y sale don Juan.)

Juan	El deseo de saber...
(Aparte.)	(¡Válgame el cielo! ¿Qué veo? ¿No he visto yo esta mujer otras veces?) El deseo de saber qué pueda ser la causa, hermosa señora, para enviarme a llamar...
(Aparte.)	(¿No es ésta la labradora que vino a tiranizar el alma que en ella adora?) Digo pues que este deseo a serviros me ha traído.
(Aparte.)	(Su imagen en ella veo, y, aunque lo niega el vestido, su cara y mis ojos creo. Su retrato es y traslado.) Y como el deseo que digo mi venida ha apresurado, deseo que uséis conmigo...
Violante	Vos, señor, venís turbado. Sentaos; toma esa silla. Sosegaos y hablad después.
Juan	No os cause esto maravilla; que vuestra belleza es tal, que mi sentido humilla. Y, si yo no me he engañado, otra vez, señora mía, os he visto y os he hablado. No sé dónde.
Violante	Ser podría

	si en México habéis estado.
Juan	¿Y no en Madrid?
Violante	Dúdolo.
Juan	Pues mi vista no se engaña, ni el alma, que en ella os vio.

Violante	¿Cómo, si de Nueva España
	la flota que ahora llegó
	  me trujo, y en esta villa
	no ha dos semanas que entré,
	un mes que dejé a Sevilla,
	ni desde que aquí llegué,
	si no es en coche o en silla,
	  con las cortinas corridas,
	nunca he salido de casa?

Juan	Bellezas hay parecidas,
	y Amor, que es de vista escasa,
	caerá en faltas conocidas;
	  si no es que ponerse intenta
	por corto de vista antojos,
	pues con ellos la acrecienta
	y ve el alma por los ojos
	lo que su luz representa.
	  Que, como el verde cristal,
	a quien por él quiere ver,
	suele por un modo igual
	verdes las cosas hacer,
	cual piedra filosofal;
	  del mismo modo, quien ama
	si fe a sus antojos da,

        sirviendo de luz su llama,
        cuantas viere, juzgará,
        de la color de su dama.
           Yo me debí de engañar.
        Ved ahora en lo que puedo
        serviros.

Violante   Desengañar
        os deseo.

Juan   Ya lo quedo.

Violante   De lo que os quiero avisar,
           no lo estáis; que es de más peso,
        don Juan, de lo que pensáis;
        y, por lo que yo intereso
        en ello, aunque lo ignoráis,
        que os va la honra os confieso.
           Por huésped tenéis en casa
        a un don Pedro de Mendoza,
        que me dicen que se casa
        con un serafín que goza
        la belleza en que se abrasa.

Juan   Hermosa y rica es mi hermana,
        aunque, delante de vos,
        cualquiera alabanza es vana.
        Casarse quieren los dos,
        si cierta duda se allana
           que ha impedido el no estar hecho;
        mas presto se efectuará.

Violante   ¿Y vendráos mucho provecho,
        si en Indias casado está

         quien tanto os ha satisfecho?

Juan   ¡Don Pedro casado!

Violante   Sí;
         o a lo menos desposado;
         que no en balde vengo aquí
         por palabras que me ha dado.
         Prendas de mi honor le di;
            en hacienda y calidad,
         si ventaja no le llevo,
         le igualo; y, en voluntad
         pues a seguirle me atrevo,
         si es mi igual vos lo juzgad.
            Doña Inés de Fuenmayor,
         me da blasones mayores
         que dicha mi ciego amor.
         De agüelos conquistadores
         heredé hacienda y valor.
            Ese don Pedro tirano,
         después de haber pretendido
         favores un año en vano,
         y mis desdenes sentido;
         siendo al fin Paris indiano,
            perseverando constante,
         dio de mi deshonra nota;
         que, cayendo cada instante
         sobre una peña una gota,
         la rompa, aunque sea diamante.
            Y apenas gozó cumplida
         la pretensión de su amor,
         cuando ordenó su partida;
         porque el ingrato deudor
         tarde paga y presto olvida.

Su padre había concertado
por cartas, según parece,
con el vuestro, dar estado
a quien mudable merece
ser de todos despreciado;
　　e, ignorante de mi ofensa,
a España le hizo embarcar,
dejando mi honra suspensa
entre las olas del mar,
donde sepultarla piensa.
　　Supe su término infiel,
y, fiada del secreto,
al fin me embarqué tras él.
Llegué a esta corte, en efecto,
y en su confuso Babel
　　mi amor hizo información
de quien sois; sé que se inclina
a ponelle en posesión,
y ser doña Serafina
de su mudanza ocasión;
　　pues luego que se casare,
de Madrid se ausentará,
y, sin que en dudas repare,
tantas mujeres tendrá
cuantas provincias mudare.
　　Si no os parece que trato
verdad, sirva de testigo,
aunque mudo, este retrato;
que, con ser de mi enemigo,
no es tan descortés ni ingrato
　　como él; pues, por consolarme,
hasta aquí me acompañó;
y después podrá abonarme
este mío que volvió

         el inconstante a enviarme,

(Enséñale dos retratos.)

         que en figuras entretiene
         mis esperanzas avaras,
         y a pagarme en caras viene;
         mas ¿qué ha de dar sino caras,
         amante que tantas tiene?
            Firmas os mostraré en suma,
         retrato de sus mudanzas,
         para que él se presuma
         su abono, pues da en fianzas
         palabras, papel y pluma.
            Juez agora podréis ser
         del agravio en que me fundo,
         si no es que pueda tener,
         quien viene del otro mundo,
         en éste nueva mujer.

Juan   Quisiera tener aquí
         a vuestro ofensor, por Dios,
         para castigarle así,
         tanto por lo que os va a vos,
         como lo que me va a mí;
            que si Amor es semejanza,
         a quien amo os parecéis,
         ya es mía vuestra venganza;
         pero hoy, señora, veréis
         castigada su mudanza,
            y en ella el poco respeto
         que a nuestra casa ha tenido.

Violante Sosegaos si sois discreto;

que el remedio que he escogido,
es más prudente y secreto.
 ¿De qué sirve que furioso
darle muerte pretendáis
con medio tan riguroso,
si mi honor no remediáis,
y pierdo por vos mi esposo?
 Pues que tanto me parezco
a la dama que decís,
si por su causa merezco
el favor que prevenís,
y yo cortés agradezco,
 suspended disimulado
sus dudas, y no mostréis
sentiros de él agraviado;
que presto por mí saldréis
de pena, y yo de cuidado.
 No os digo el cómo, hasta tanto
que llegue su ejecución.

Juan   De esa firmeza me espanto.

Violante   Vame en esto la opinión,
y el fin de mi injuria y llanto.

Juan   Dígoos que pondré por vos
freno al furor que me abrasa.

Violante   Quédese esto entre los dos,
y servíos de esta casa.

Juan   Vuestro esclavo soy. Adiós.

(Vase don Juan, y sale Aguado.)

Aguado	Bueno el embeleco va. ¿Qué es lo que nos falta agora? ¿Tienes más que mentir ya?
Violante	Volver a ser labradora me falta.
Aguado	En tu ingenio está un Dédalo revestido: ya te vuelves panadera, ya ser indiana has fingido, ya Violante verdadera. ¿Dónde diablos has urdido tanta mentira y engaño?
Violante	Todo importa a mi sosiego.
Aguado	¿Qué planeta reina hogaño quimerista?
Violante	Amor, que ciego estudia contra mi daño trazas. Calla; que has de ver lo que en mis amores pasa.
Aguado	¡Válgate Dios por mujer!
Violante	Cierra agora aquesta casa, y haz al momento volver esa ropa al corredor; que no he de estar más en ella. Dame el traje labrador.

Aguado	Más sabes, sin ser doncella,
	que la doncella Teodor.
Violante	Las escobas, ¿dónde están?
Aguado	Una carga hay ahí entera,
	que cien casas barrerán.
Violante	Pues voyme a vestir, que espera
	a su Teresa don Juan.

(Vanse, y salen don Gabriel y Cornejo.)

Gabriel	Quitalle la dama quiero,
	mas no, Cornejo, la hacienda.
	Porque soy don Pedro entienda,
	aunque amante, caballero;
	como amante, enredador;
	pero desinteresado
	como caballero.
Cornejo	Has dado
	terrible arbitrio, señor,
	porque en volviéndole el oro,
	no tendremos qué gastar,
	y sin él no hay que esperar
	en tu amor, cuyo decoro
	solo ha estribado hasta ahora
	en la hacienda que trajiste,
	pues por las joyas que diste
	a tu serafín, te adora;
	y así, en faltando las galas,
	dará a tus favores fin,
	porque todo serafín

| | tiene doradas las alas.
             Yo al menos no te aconsejo
             disparate tan solemne.

| Gabriel | Toda esta casa me tiene
             por dueño suyo, Cornejo.
               Don Gómez, mientras que llega
             la plata con que le engaño...

| Cornejo | ¿Plata? Ya tomará estaño.

| Gabriel | Liberalmente me ruega
                que de cuanto tiene haga
             lo que quisiere, y murmura
             de que, perdiendo la hechura,
             de estas joyas me deshaga.
               A don Antonio escribí
             cómo a esta corte he llegado.
             En tres años no he cobrado
             mis alimentos. Y así
                brevemente me enviará
             dineros con que se tenga,
             primero que al suelo venga,
             esta máquina.

| Cornejo | Sí hará,
                si quiere y paga mejor
             que los demás.

| Gabriel | Siempre ha sido,
             en cuantas cosas le pido,
             mi hermano buen pagador.
                No es como otros derramado;
             gasta poco, y mucho cobra,

            y así la hacienda le sobra,
            porque, aunque mozo, es reglado.
               Quiéreme bien, y no tiene
            más hermanos ni herederos.
            Mientras me envía dineros,
            dar prisa al viejo conviene
               y fin a tanta quimera.

Cornejo   En dilatándose más,
            con todo en tierra darás.

Gabriel   La amonestación tercera
               es mañana, y me parece
            que a la noche me desposo.

Cornejo   Aquese lance es forzoso
            porque si don Pedro ofrece
               testigos que de Sevilla
            aguarda, y aprueba con ellos
            quién es, por librarnos de ellos,
            saldremos de aquesta villa
               a cencerros atapados,
            y plegue a Dios que no demos
            en la tierra.

Gabriel   Ya estaremos
            cuando vengan, desposados.
               Agora importa buscar
            quien finja que de Granada
            viene.

Cornejo   ¿Hay nueva trampa armada?

Gabriel   A don Pedro ha de ir a hablar,

	sin que de él sea conocido...
Cornejo	Eso yo le buscaré.
Gabriel	...con cartas en que le dé don Antonio el bien venido, en respuesta de las mías.
Cornejo	Daránse al diablo los presos.

Gabriel	Las joyas, barras y pesos,
	sin las demás niñerías
	  que trujo de Indias, valdrán
	hasta cuatro mil ducados;
	joyeros que tengo hablados,
	aqueste precio les dan.
	  Ésos le he pedido al viejo,
	y ésos en oro dirá
	que le remite de allá
	don Antonio.

Cornejo	¡Mal consejo!
Gabriel	De enredos vive quien ama; ellos me han de aprovechar; no le tengo de quitar la hacienda, sino la dama.
Cornejo	Si te resuelves en eso, aquí tengo un primo hermano, hombre de bien y asturiano; traeréle, y llevará al preso ese dinero, fingiendo que ayer de Granada vino;

                    mas, por Dios, que es desatino
                    lo que intentas.

Gabriel   Yo me entiendo.
                    Éste es don Juan, mi cuñado.
                    Anda, y busca ese pariente.

Cornejo   Voy.

            (Vase Cornejo y sale don Juan.)

Juan (Aparte.)   (¡Que un caballero intente
                    tal engañío! A no haber dado
                    mi palabra a doña Inés,
                    yo castigara este día
                    su ingrata descortesía.
                    Pero aquí está.)

Gabriel   ¡Don Juan! Pues,
                    ¿de qué venís pensativo?

Juan   No sé qué imaginación
            me entristece.

Gabriel   ¿Es pretensión
                    de alguna dama?

Juan   No vivo
                    tan sujeto a esas quimeras,
                    que, en lo que por pasatiempo
                    tomo, gaste todo el tiempo;
                    negocios son de más veras.

Gabriel   Pues yo tengo el alma toda

| | ocupada en el deseo
| | de mi Serafina, y creo
| | que el dilatarse esta boda
| | ha de apresurar mi muerte.

Juan   Si ya amonestado estáis,
              y mañana os desposáis,
              ¿qué teméis?

Gabriel   Mi poca suerte,
                 que está llena de desvelos,
                 y cada instante se muda.

Juan (Aparte.) (El malhechor siempre duda;
                 que el pecar todo es recelos.)

Gabriel   Voy a ver mi serafín.

  (Vase don Gabriel.)

Juan   De tu vida y mi venganza
              será fin, de tu esperanza
              e intentos no serafín.
                 Pero, imaginación loca,
              ¿posible es que os engañéis,
              y que lo que visto habéis,
              ojos, os niegue la boca?
              Alma, vos sois a quien toca
              desatar esta quimera;
              siempre salís verdadera;
              declaradme ahora pues
              si la indiana doña Inés
              es mi hermosa panadera.
                 Negará el entendimiento

esta imposibilidad;
mas dirá la voluntad
que acierta mi pensamiento;
pues aunque no hay fundamento
para mi imaginación,
la amorosa turbación
con que la vi, considera
que nunca el alma se altera,
si no es con mucha ocasión.
   Diréis que la semejanza
hizo ese milagro en mí,
porque retratada vi
en sus ojos mi esperanza.
Sí; pero ¡tanta mudanza
en un instante! eso no;
que aunque su traje engañó
los ojos que dejó en calma,
como es espíritu el alma
sus vestidos penetró.
   Sí; pero ¿por qué razón
se había de disfrazar?
Celos, si os damos lugar,
diréis que aquella invención
fue por tener afición
a don Pedro. Pues, ¿quién pudo
darla aquel traje? Mal dudo;
que en la corte se halla todo.
¿Y el trocar por aquel modo
en estilo noble el rudo?
   Con la costumbre y el trato,
suele en un buen natural
trocarse en seda el sayal.
Si está en Madrid cada rato,
¿por qué mis dudas dilato?

                    Mas, ¡ay Amor quimerista!
                    Si engañándoos sois sofista,
                    haced que por vos arguya
                    mi labradora, y concluya
                    mis recelos con su vista.
                        El no venir este día
                    a verme aumenta mis celos.

    (Doña Violante pregona de dentro.)

                        ¡Y a las escobas!

Juan   ¡Ay cielos!

Violante   ¡Escobas de algarabía!

Juan   ¡O voz que mi dicha canta,
                    y mi esperanza despierta,
                    mi sospecha deja muerta,
                    y mis temores espanta!
                        Ya, ni temo, ni sospecho;
                    ya, en verla, resucité.

    (Sale doña Violante, de labradora con una carga de escobas a cuestas.)

Violante   ¡Valga el diablo a su mercé!
                ¿Que acá estaba?

Juan   Un Argos hecho,
                    un mártir de vuestra ausencia.
                    ¿Cómo ha salido hoy tan tarde
                    el Sol que me abrasa y arde?

Violante   He tenido una pendencia

145

                    hoy con mi viejo, y no quijo
                    dejarme venir más presto.

Juan   ¿Pendencia?

Violante   Y aun, pues no han puesto
                    las manos el padre e hijo
                    en mí, no es poca ventura.

Juan   Matarélos yo.

Violante   ¡Verá!
                    El doctor los matará
                    que da de comer al cura.

Juan   Pues ¿por qué la riña fue?

Violante   Porque ha dado en cabezudo.
                    Mas de decírselo dudo;
                    que le ha de pesar a fe.

Juan   ¿Cómo?

Violante   Si me quiere bien,
                    por fuerza le ha de pesar
                    de que me quieran casar.

Juan   ¿Casaros? ¿Cuándo o con quién?

Violante   ¿Cuándo? Mañana temprano;
                    que ansín el cura lo dijo.
                    ¿Con quién? Con Antón, el hijo
                    de mi viejo Blas Serrano.
                        ¿Cómo? Con juntar las palmas

	al tiempo que el sí pregunten;
	mas ¿qué importa que las junten,
	si no se juntan las almas?
	¿Dónde? En cas del escribén
	que nos hace la escritura.
	¿Por quién? Por mano del cura,
	delante del sacristén.

Juan — Y vos ¿qué habéis respondido?

Violante — Que desque vi el otro día
los visajes feos que hacía
pariendo la de Garrido,
   no casarme había propuesto
por no verme en apretura,
y porque en la paridura
sintiera el tener mal gesto.

Juan — Y en fin...

Violante —   En fin, lloró Antón,
enojóse la tendera,
rogómelo la barbera...
tengo brando el corazón;
   y, mostrándome un sayuelo
con vivos de carmesí,
entre dientes le di el sí...

Juan — ¿Sí, distes?

Violante —   Mirando al suelo.

Juan — Pues, ¿qué tengo de hacer yo?

Violante	Su mercé debe burlarse. Pues ¿había de casarse conmigo?
Juan	Pues ¿por qué no?
Violante	¿A fe que se casaría?
Juan	¡Ay cielos! ¿No os lo juré?
Violante	Es verdad, no me acordé; pero aun no es pasado el día.
Juan	¡Que el engaño aun en sayales viva!
Violante	No llore; verá...
Juan	¿Qué he de ver?
Violante	¿Qué? En yendo allá, pujar la novia en seis reales; podrá ser que se la lleve; que así cada año se arrienda la taberna, con la tienda. No se aflija: puje y pruebe. ¿Habemos de hablar de veras?
Juan	¿Luego éstas, burlas han sido?
Violante	En cuanto al darme marido, nuevas traigo verdaderas; y en cuanto a arrojar el sí, aunque por fuerza, también.

Juan	Pues ¿qué resta?
Violante	El querer bien su mercé; que si es así, todo puede remediarse.
Juan	Haz prueba en mi voluntad.

Violante	Si que me quiere es verdad,
	mañana puede mostrarse.
	   Diga acá que es mi madrino,
	que en Vallecas lo desean,
	y lleve amigos que sean
	para todo, que imagino
	   que serán bien menester.
	Y cuando juntos estemos,
	y con el cura lleguemos
	como se acostumbra her,
	   pescudará el licenciado:
	«¿Queréis a Antón por esposo,
	vos, Teresa de Barroso?»
	Diréle yo: «De buen grado
	   quiero por dueño a don Juan».
	Y si él responde: «Y yo a vos»,
	tan matrimeños yo y vos
	somos, como Eva y Adán.
	   Si ofendernos pretendieran
	allí habrán de andar las manos;
	mas si temen cual villanos,
	y dejándonos se fueren,
	   viviremos con descanso,
	él pagado y yo contenta;
	y si no quiere, haga cuenta

	que hablé por boca de ganso.
Juan	Labradora de mis ojos,
	aunque atropelle imposibles,
	para quien no ama terribles,
	de mi padre los enojos,
	de mis deudos sentimientos,
	la poca averiguación
	de tu estado y opinión,
	y otros mil impedimentos,
	tu prisa y mi voluntad
	me obliga a pasar por todo;
	a tu engaño me acomodo,
	no temo dificultad.
	Yo iré a Vallecas mañana,
	tus desposorios prevén.
Violante	Pardiez que es hombre de bien.
Juan	Acá ha salido mi hermana.
	Vete con Dios.
Violante	Es mi amiga;
	sus galas me ha de prestar,
	para que todo el lugar
	me dé mañana una higa.
Juan	Pues con ella aquí te queda;
	que yo voy a prevenir
	los que conmigo han de ir.
	¡Quiera Amor que bien suceda!

(Vase don Juan y se retira doña Violante quedándose a la puerta por donde entró. Salen doña Serafina y don Gabriel.)

Serafina	Creed, don Pedro, de mí
que si a vos las horas son
años en la dilación,
desde el instante que os vi,
juzgo un siglo cada día
que sin vos el alma pasa.

(Doña Violante pregona.)

Violante	¿Quieren escobas en casa?
Serafina	¿Escobas?
Violante	De algarabía.
Serafina	Pues, Teresa, ¿qué mudanza
de oficio es éste?
Violante	Señora,
todos son de labradora,
y aun con todo, el pan no alcanza.
Ya vendo trigo, ya escobas,
y enojos también vendiera,
si hallara quien los quisiera.
Gabriel	¿Vos enojos?
Violante	Por arrobas.
Gabriel	¿Quién os los da?
Violante	¡Qué sé yo!
Bellacos que andan de noche,

	y engañan a trochemoche
	a quien de ellos se fió.
	Si no hubiera tantas bobas,
	no hubiera embeleco tanto.

Gabriel   No os entiendo.

Violante   No me espanto.
¿Han menester acá escobas?

Gabriel   Por ser vos quien las vendéis,
gana de comprarlas dais.

Violante   Por ser vos quien las compráis,
gana de irme me ponéis.

Gabriel   ¿Pues tan mal estáis conmigo?

Violante   No son buenos barrenderos
hombres.

Serafina   Y más caballeros
amantes.

Violante   También lo digo;
aunque vos tenéis figura,
cuando barrer os agrada,
a la primer escobada
como si hubiera basura,
  echar hombres al rincón,
barriendo la voluntad.

Serafina   A la margen apuntad,
don Pedro, aqueste renglón.

Gabriel	¿Conocéisme vos?
Violante	Sois mozo, y todos pecáis en esto.
Gabriel	Colorada os habéis puesto. Quitaos un poco el rebozo; veré si la boca es tal como lo que descubrís.
Violante	Si verdades de ella oís, oleráos mi boca mal; que la verdad que es más clara, enturbia más.
Gabriel	No hayáis miedo.
Violante	Arre pues; estése quedo, que le barreré la cara.
Gabriel	¿Caras barréis?
Violante	Si comienza a atreverse, lo verá, aunque bien barrida está vuesa cara de vergüenza.
Serafina	Sacudida es la villana.
Violante	Por sacudirme de sí otro villano hasta aquí; mas vengaréme mañana.

Gabriel	Celos de algún labrador tenéis. ¿Quebróos la palabra?
Violante	Sí, mas la tierra que labra, a otro dará fruto y flor.
Serafina	¿Cómo es eso?
Violante	Es cosa y cosa que solo la acierta yo. ¿Quieren escobas, o no?
Gabriel	La villana está donosa. Entretengamos un rato con ella el tiempo.
Violante	Sí hará, mas presto se cansará, que es gitano y muda el hato.
Gabriel	Conmigo tenéis el tema.
Violante	Con él y con cuantos hombres sin obras tienen los nombres. ¡Mal haya quien no los quema!
Gabriel	De entenderos me holgaría.
Violante	Entenderme fuera mengua de las escobas la lengua. ¿Aprende él algarabía?
Gabriel	¿Todas de esa especie son?

Violante	También las hay de retama, y a fe que amarga su rama; que tienen la condición de estos mozos sin consejos, en las promesas almíbar, y en el cumplimiento acíbar, buena vista y malos dejos.
Gabriel	Picada venís, a fe.
Violante	Picóme un bellaco el alma.
Gabriel	¿Traéis escobas de palma?

Violante	Pues con él ¿hay palma en pie?
	    Pardiez, si fe al talle damos,
	 que, en su modo de mirar,
	 tien talle de despalmar
	 todo un domingo de Ramos.
	    No busque entre cortesanos
	 ni vino, ni palmas puras,
	 que no están de ellos seguras
	 ni aun las palmas de las manos.

Gabriel	Sátira sois vos con alma.
Violante	Ya los moriscos se fueron, que por las calles vendieron, señor, esteras de palma.
Gabriel (Aparte.)	(Demonio es esta mujer, en traje de labradora.) Adiós.

Serafina   ¿Vaisos?

Gabriel   Tengo agora
            cierto negocio que hacer.

    (Vase don Gabriel.)

Violante   Pues solas nos han dejado,
            decirla un secreto tengo.
            Ella pensará que vengo
            soldemente con cuidado
                de vender y de her dinero;
            pues si lo piensa, se engaña;
            el decirla una maraña,
            por lo mucho que la quiero,
                me ha traído. Como voy
            vendiendo, y do quiera me entro,
            a veces cosas encuentro
            que al enemigo las doy.
                Sabrá pues que yo he sabido
            que, aunque éste casarse tiene
            con ella, de allá do viene,
            una mujer ha traído
                —de allá de Indias o de Irlanda—
            con quien diz que vive mal;
            y porque agora la tal
            las bodas no estorbe en que anda,
                hoy a Vallecas la lleva,
            diciendo que la justicia
            tiene de su amor noticia;
            y ella su mudanza aprueba
                mientras este rumor pasa.
            Esto oí desde el zaguán
            ayer yendo a vender pan,

	y hallando este hombre en su casa.
	Por eso mire primero
	a quién toma por marido.
Serafina	¿Mujer de Indias ha traído?
Violante	Y no mocosa.
Serafina	¿Qué espero?
	¿Dónde vive esa mujer?
Violante	Junto a Lavapiés vivía;
	mas, si se muda este día,
	¿qué intenta?
Serafina	Hacerla prender,
	y no casarme después
	con hombre que me ha engañado.
Violante	Un ángel pintiparado
	la dama indianesa es.
	¿Luego ella creyó que hablaba
	con el buen señor a bobas?
	Cuando aquí entré con escobas,
	pullas a pares le echaba
	pues sepa que, aunque villana,
	todo se me entiende.
Serafina	En fin
	¿trae una mujer ruin
	consigo?
Violante	Mire: mañana
	me caso yo, con perdón;

	vaya su merced allá,
	y en Vallecas la verá.
Serafina	¿Vos os casáis?
Violante	Con Antón;
	y el señor don Juan, su hermano,
	quiere ir a ser mi madrino.
	No es enfadoso el camino
	de aquí allá, sí corto y llano.
	Hágase padrina mía,
	y dígaselo a don Juan;
	que, si entrambos allá van,
	fuera de darse un buen día,
	yo le enseñaré la moza.
Serafina	Dices bien; a tu lugar
	tengo de ir, y allá llevar
	a don Pedro de Mendoza.
Violante	En fin, ¿será mi madrina?
Serafina	Pues.
Violante	¡Bendíganla los cielos!
	Porque madrina, y con celos,
	no hay hablar, irá divina.
Serafina	Los celos ¿hacen hermosa?
Violante	Do quiera que hay competencia,
	echa el resto la presencia;
	linda irá, si va celosa.
	Yo no estaré de provecho,

si a mi lado, en fin, la saco;
mas no caben en un saco
la honra con el provecho.
   Pues con ella me honro y medro,
ventaja en todo la doy.
Adiós.

Serafina   ¿Vaste?

Violante   Al lugar voy.

(Vase doña Violante.)

Serafina   ¡Oh traidor! ¿Vos sois don Pedro?
   No dicen obras y nombres.
Razón el que afirma tiene
que cuanto de Indias nos viene
es bueno, si no es los hombres.

(Vase. Salen, de presos, don Pedro y Agudo.)

Pedro   Basta, que no hay quien nos crea.

Agudo   Pues paciencia y barajar,
que poco puede tardar
de Sevilla quien desea
   desmarañar este enredo
y darnos a conocer.

Pedro   Así me lo escribió ayer
el capitán Juan de Oviedo,
   en cuya nave venimos;
pero temo que entre tanto
que se deshace este encanto

159

                    y aquesta prisión sufrimos,
                       se case este enredador,
                    que dará a sus bodas prisa,
                    como el peligro le avisa.

Agudo   El serafín de tu amor
                    ¡habrá gentil lance echado
                    en sabiendo esta quimera!

        (Sale Valdivieso, viejo.)

Valdivieso   ¿Sois vos don Gabriel de Herrera,
                    que ha sido en Flandes soldado?

Pedro   Otra tentación; Agudo,
                    ¿qué responderé?

Agudo   Que sí,
                    pues, de no afirmarlo así,
                    que al Nuncio nos lleven dudo.

Pedro   ¿Qué es, señor, lo que mandáis?

Valdivieso   Mucho en conoceros gano.
                    Don Antonio, vuestro hermano,
                    de que de Flandes vengáis,
                       se huelga, y ésta os escribe
                    en respuesta de la vuestra.

Pedro   Lo mucho que me ama muestra.
                    ¿Cómo está?

Valdivieso   Achacoso vive;
                    mas no olvidado de vos,

                    pues os envía conmigo
                    cuatro mil escudos.

Agudo (Aparte.)   (Digo
                    que ya vuelve a vernos Dios.)

Pedro   ¿Cuántos, señor?

Valdivieso   Cuatro mil.
                    Supe que estábades preso
                    por un extraño suceso
                    que me contó un alguacil;
                       y, aunque llegué de Granada
                    ayer, os vengo a ver hoy.

   (Lee el papel.)

Pedro   ¡En qué de deudas le estoy!
                    A ocasión viene extremada
                       el dinero; que, sin él,
                    nunca saliera de aquí.
                    Lo que me escribe leí,
                    y solo dice el papel
                       que, en dando a mis pretensiones
                    asiento, a verle me parta,
                    y que el que trae esta carta
                    me dará dos mil doblones.

Valdivieso   Venid, señor, a contarlos;
                    que aquí los traigo conmigo.

Pedro   El alcaide, que es mi amigo,
                    Cornejo, podrá guardarlos.

Agudo   ¿Yo soy Cornejo?

Pedro   ¿Qué quieres,
             si me hacen don Gabriel?
             ¿Qué aguardas? Vete con él.

Aguado   Ya parte del hurto adquieres.

Pedro   Yo cobraré lo demás.

Agudo   ¡Doblones del alma mía!
             Venid, hidalgo.

Valdivieso   Cada día
             estaré con vos de hoy más.

(Vanse los dos.)

Pedro   ¿Qué he de hacer? Todos han dado
             que soy don Gabriel. Sin duda
             la Fortuna se me muda,
             después que el nombre he mudado.
                Ésta era la cantidad
             que truje en oro y en perlas;
             si en doblones llego a verlas,
             pase plaza de verdad
                esta mentira; que así
             las libranzas cobraré,
             hasta que en Madrid esté
             quien dé noticia de mí.

(Sale don Luis.)

Luis   ¿Sois vos, señor caballero,

	don Gabriel de Herrera?
Pedro (Aparte.)	(¿Hay cosa en el mundo más donosa? Como traiga más dinero, habré de decir que sí; si mis libranzas me diera, lo que él me mandara fuera.)
Luis	¿No halláis méritos en mí para responderme?
Pedro	Digo que el veros me divirtió, y entre un confuso sí y no, estoy dudando conmigo.
Luis	Pues para mí el «no» dejad; que el «sí» por verdad estimo. Don Luis soy, vuestro primo; los nobles brazos me dad.
Pedro	¿Quién sois?
Luis	Don Luis de Herrera, que, deseoso de veros, serviros y conoceros, a pesar de la quimera en que vuestro amor ha dado, os vengo a dar libertad.
Pedro	Mi ignorancia perdonad. No supe, a fe de soldado, que tal pariente tenía

                    en la corte.

Luis   En fin, ¿ya puedo
            llamaros don Gabriel?

Pedro   Quedo
            corrido. Amor desvaría.
                ¿Qué no puede una mujer?
            Si el alma muda en un hombre,
            no es mucho que mude el nombre.

Luis   Bien sabéis por vos volver.
                Si fuérades tan constante
            como enamorado os veo,
            que no se quejara creo
            de vos la hermosa Violante,
                que, atropellando caminos
            por quien su fama atropella,
            está aquí.

Pedro   ¿Cómo?

Luis   Por ella
            supe vuestros desatinos.
                Dadme licencia que así
            los llame, por lo que os quiero.
            ¿Posible es que un caballero
            tan poca estima de sí
                haga, que palabras quiebre,
            y obligaciones de honor
            huya, manchando el valor
            con que es bien que se celebre?
                ¿Merece tal hermosura
            este pago? ¿Qué decís?

Pedro ¿Es posible, don Luis,
que está aquí?

Luis Y en coyuntura,
que a intercesión suya
hoy soltaros hice en fiado.
Sus agravios me ha contado...

Pedro ¿Pues sabe que preso estoy?

Luis ¿Pues no lo había de saber?

Pedro ¿Y afirma que el que está preso
es don Gabriel?

Luis ¡Bueno es eso!
Pues si sois vos, ¿qué ha de hacer?

Pedro ¿Ha visto a mi opositor?

Luis No sé, por Dios.

Pedro (Aparte.) (¡Cosa extraña!
Como a los demás la engaña
aqueste común error.
 Pero salga yo de aquí;
que, en viéndome, cesará,
este enredo, y volverá,
como por su honor, por mí.)

Luis ¿En qué os habéis divertido?

Pedro ¿Qué queréis? No sé qué diera

              porque sabido no hubiera
              mis desatinos.

Luis   Han sido
              estímulos de su amor;
              todos los perdonará
              como os canséis, primo, ya
              de hacer ofensa a su honor.
                 En Vallecas es madrina
              de una bella labradora.

Pedro   ¿Violante?

Luis   Sí.

Pedro   ¿Cuándo?

Luis   Agora.
              Que os lleve allá determina,
                 porque se ha de convertir
              de madrina en desposada;
              palabra la tengo dada
              por vos, y luego habéis de ir
                 conmigo, pues estáis suelto.

Pedro   Alto, aquesto ordena Dios.
              Confesaré que por vos
              el seso el cielo me ha vuelto.
                 Ya el alma tiene borrada
              a la Serafina bella
              de suerte que, por no vella,
              pienso partirme a Granada
                 al punto.

Luis	El mejor bocado
para la postre os guardé.
Primo, un pésame os daré
de un pláceme acompañado,
un luto, de oro cubierto.
Tenga a don Antonio Dios,
y déos larga vida a vos.
Pedro	¿Cómo?
Luis	Vuestro hermano es muerto.
Pedro	¡Válgame el cielo!
Luis	Heredáis
tres mil ducados de renta.
Pedro	El dolor es de más cuenta
que las nuevas que me dais.
Luis	Ahora bien, dejemos eso;
que es agridulce el pesar
que sentís. Vamos a hablar
al alcaide cuyo preso
sois, para que os suelte luego,
que estará doña Violante
con inquietudes de amante,
y en viéndoos tendrá sosiego.
Pedro (Aparte.)	Vamos. (Salga yo de aquí;
desharáse este nublado.)
¡Ay hermano malogrado!
¡Qué de ello con vos perdí!

(Vanse. Salen Aguado y Blas Serrano.)

Aguado   Digo, pues, ya que Teresa
           a esto está determinada,
           y asegurando peligros
           me ha soltado la palabra,
           que, por dar buena vejez
           a mis padres, y en Ocaña
           satisfacer mis parientes,
           que a Teresa buscando andan,
           para que dándole muerte
           no hereden sangre villana,
           como ellos dicen, los hijos
           que sucedan en mi casa;
           que con Antón se despose,
           pues ella gusta, y él la ama,
           y son iguales los dos;
           que yo ofrezco de dotarla
           en cuatrocientos ducados;
           daremos fin a las ansias
           de mis padres, y con ella
           cumplirá Antón su esperanza.

Blas   Pardiez, señor don Alejo,
           que, aunque en viñas vendimiadas
           nunca anduve a la rebusca,
           es tanto lo que me mata
           este tonto de mi hijo,
           que, porque no se me caiga
           muerto un día de repente
           —que no es mucho, según anda—
           habré de callar; pues él
           gusta de melón sin cata,
           de ropa que está traída,

            de zapato que otro calza,
            allá con ella se avenga,
            y muy buena pro le haga,
            San Pedro se la bendiga,
            y mi bendición les caiga.

   (Sale doña Violante, de labradora.)

Violante   Pues ¿qué tenemos de boda?

Blas   Ya, Teresa, o poco o nada.

Aguado   Hija sois de Blas Serrano,
            si hasta aquí fuisteis criada.

Violante   Pues no piense, suegro mío,
            que me he dormido en las pajas.
            Madrino tengo y padrina.

Blas   ¿Quién son?

Violante   Gente cortesana.
            El madrino, por lo menos,
            será don Juan de Peralta,
            en cuya casa doy pan,
            y la padrina su hermana.
            Yo apostaré que ya, llegan.

Blas   Voy, pues, a poner de gala
            a Antón, y a pedirle albricias.

Violante   Vístale, padre, de pascua;
            llame al cura y sacristán,
            a los alcaldes, a Olalla,

| | y en fin, llame a todo el pueblo; |
| | que la casa tien bien ancha. |

Blas   ¿Y ha de haber baile?

Violante   ¿Pues no?
            Pero Alfonso, el de Barajas,
            nos tocará el tamboril
            Gil Carrasco las sonajas,
            y Mari Crespa el pandero.

Blas   ¿Y ha de haber colación?

Violante   Traiga
            nuégados, tostones, peros,
            vino, nueces y castañas.

Aguado   Gastaldo a mi costa todo.

Blas (Aparte.) Yo vo. (¡Qué regocijada
            que anda el diablo de la moza!
            Mas es mujer, ¿qué me espanta?
            Dieran ellas, por casarse
            una vez cada semana,
            un dedo por cada boda,
            aunque se quedaran mancas.)

   (Vase Blas.)

Violante   ¿Qué dices, Aguado, de esto?

Aguado   Que eres Pedro de Urdemalas.

Violante   Di Teresa de Urdebuenas.

	La corte tengo enredada.
Aguado	Tu hermano viene acá y todo; que don Luis dio palabra, porque al preso consintiese soltar, de hacer que, olvidadas injurias, fuese a Valencia con él, y diese a su hermana satisfacción amorosa, y la mano con el alma. Habló tu hermano a don Pedro, y él, que entre invenciones tantas, y verse sin culpa preso, o está loco o poco falta, concedió con cuanto quiso, y vienen acá.
Violante	¡Extremada novela se puede hacer, Aguado, de esta maraña!
Aguado	Dos coches llegan de rúa. Ellos serán.
Violante	¡Qué bizarra que viene la Serafina!
Aguado	Tráenla celos, ¿qué te espanta?

(Por una puerta salen don Vicente, don Juan, don Gómez, doña Serafina, Cornejo y don Gabriel; y por otra don Luis, don Pedro y Agudo.)

Gómez	Pregunten adónde viven el novio y la desposada.

Violante   ¡Oh señores! Bienvenidos;
todo el pueblo los aguarda.

Serafina   Pues, ¿cómo no estáis de boda?

Violante   Acá de un golpe se encajan
las galas, como bonete;
mientras que tañen y bailan,
me pondré de veinte y cinco.

(Vase doña Violante.)

Pedro (Aparte.)   (Basta, que ésta es la villana
que también de mí hizo burla.)

Gabriel   ¿Qué es esto? ¿Ya don Pedro anda
suelto y libre y tan contento?

Cornejo   ¿Qué quieres? Dios ve las trampas.

Pedro (Aparte.)   (Solo espera mi ventura
que doña Violante salga,
y de don Gabriel me vengue.)

Aguado (Aparte.)   (Cosa ha de ser extremada,
cuando de manos a boca
cogiéndole, se deshaga,
a costa de su vergüenza,
aquesta torre encantada.)

Gabriel   ¿A qué, mi bien, me traéis
a esta boda?

Serafina	A que una dama veáis, de quien tengo celos, que han de parar en venganzas.
Gabriel	¿Celos de mí?
Serafina	¡Bueno es eso! Todo se sabe.
Gabriel	Ya bastan, si son burlas.
Serafina	Sí serán, y yo en ellas la burlada.
Pedro	¿Cuándo, señor don Vicente, hemos de partir?
Vicente	Mañana.
Luis	Yo sé que antes que a Valencia, gustaréis ver a Granada, y tomar la posesión de su mayorazgo y casa a don Gabriel.
Vicente	Danme prisa sentimientos de mi hermana.
Pedro	Presto se convertirán en regocijos sus ansias.
Vicente	¿Cómo, si no es yendo a verla?

Pedro	Escribiéndola una carta.
Serafina	¡Gallardo padrino hacéis!
Juan
(Aparte.)	Y vos madrina gallarda.
(¡Ay villana de mis ojos!
¿Si ha de llegar mi esperanza
al colmo de mis deseos?)

(Sale Blas Serrano.)

Blas	¡Oh señores! ¿Acá estaban?
Con los buenos años vengan.
La aldea dejan honrada.
Pero esperen, que ya sale
a verlos la desposada,
a lo de corte como ellos,
tiesa y engorgollotada.
Juan	¿Qué es del novio?
Blas	De Madrid
trujo unos diablos de calzas
de alquiler, y hase perdido
entre tantas cuchilladas.

(Sale de dama doña Violante.)

Violante	Primero que los vecinos
de Vallecas a ver salgan
el fin de tantos enredos,
es razón que se deshagan.
Don Gabriel, vos sois mi esposo,
y yo, puesto que injuriada,

doña Violante, que trueca
en amores sus venganzas.
En prueba de esta verdad,
firmas alego y palabras
delante de don Vicente,
que es el juez de nuestra causa.
Vos, don Pedro de Mendoza,
por más que truecos de Arganda
usurpar hayan querido
vuestro nombre y vuestra dama,
gozad vuestro serafín;
que, si trabajos alcanzan
premios de amor, su hermosura
con razón los vuestros paga.
Perdonad, don Juan, mis burlas;
que, si tuviera dos almas,
dueño la una os hiciera;
mas la que tengo es esclava.
Don Luis, de mi remedio
os doy las debidas gracias,
los brazos a don Vicente,
y a mi esposo la constancia
del corazón que le adora.

Gabriel   Lo que en mis disculpas falta,
suplirá desde hoy mi amor,
venturoso, si es que alcanza
de don Vicente y don Pedro
perdón y amistad.

Pedro   No agravian
burlas de amor, cuando tienen
tan buen fin.

Vicente	Siendo mi hermana esposa vuestra, ¿quién duda que mi injuria está olvidada?
Gabriel	Guardada, señor don Pedro, os tengo vuestra libranza, y el precio de vuestras joyas hice que en oro os llevaran por el modo que sabéis.
Pedro	El amante todo es trazas.
Serafina	Yo la daré desde hoy de pagaros con el alma la burla que de vos hice.
Pedro	Si me amáis, ¿qué mayor paga?
Luis	Supuesto que sois mi primo, y que de aquestas marañas, como a todos los presentes, su parte también me alcanza, dad a don Luis de Herrera los brazos.
Gabriel	Si en Madrid hallan mis dichas tan buen suceso, desde hoy la tendré por patria.
Luis	Pues volvámonos a ella; que, para que no sea aguada esta fiesta, yo os diré lo que ignoráis de Granada.

Blas	Pues el novio ¿qué ha de her después que gastó en las bragas un ducado?
Violante	Con quinientos que os prometo, renovarlas.
Pedro	Alto: a los coches, señores.
Violante	Yo soy, si acaso os agrada, la villana de Vallecas; mas, si no, no seré nada.

Fin de la comedia

Libros a la carta

A la carta es un servicio especializado para
empresas,
librerías,
bibliotecas,
editoriales
y centros de enseñanza;
y permite confeccionar libros que, por su formato y concepción, sirven a los propósitos más específicos de estas instituciones.

Las empresas nos encargan ediciones personalizadas para marketing editorial o para regalos institucionales. Y los interesados solicitan, a título personal, ediciones antiguas, o no disponibles en el mercado; y las acompañan con notas y comentarios críticos.

Las ediciones tienen como apoyo un libro de estilo con todo tipo de referencias sobre los criterios de tratamiento tipográfico aplicados a nuestros libros que puede ser consultado en Linkgua-ediciones.com.

Linkgua edita por encargo diferentes versiones de una misma obra con distintos tratamientos ortotipográficos (actualizaciones de carácter divulgativo de un clásico, o versiones estrictamente fieles a la edición original de referencia).

Este servicio de ediciones a la carta le permitirá, si usted se dedica a la enseñanza, tener una forma de hacer pública su interpretación de un texto y, sobre una versión digitalizada «base», usted podrá introducir interpretaciones del texto fuente. Es un tópico que los profesores denuncien en clase los desmanes de una edición, o vayan comentando errores de interpretación de un texto y esta es una solución útil a esa necesidad del mundo académico.

Asimismo publicamos de manera sistemática, en un mismo catálogo, tesis doctorales y actas de congresos académicos, que son distribuidas a través de nuestra Web.

El servicio de «libros a la carta» funciona de dos formas.

1. Tenemos un fondo de libros digitalizados que usted puede personalizar en tiradas de al menos cinco ejemplares. Estas personalizaciones pueden ser de todo tipo: añadir notas de clase para uso de un grupo de estudiantes,

introducir logos corporativos para uso con fines de marketing empresarial, etc. etc.

2. Buscamos libros descatalogados de otras editoriales y los reeditamos en tiradas cortas a petición de un cliente.

www.ingramcontent.com/pod-product-compliance
Lightning Source LLC
LaVergne TN
LVHW041334080426
835512LV00006B/452